T0125060

Verena Scholl
Rembrandts biblische Frauenporträts

TVZ

Verena Scholl

Rembrandts
biblische Frauenporträts

Eine Begegnung von Theologie und Malerei

TVZ
Theologischer Verlag Zürich

Die Autorin dankt dem Rembrandt-Forscher Prof. Christian Tümpel und dem Kunstmaler
Martin Ziegelmüller für die wertvollen Anregungen und dem Team des TVZ für das grosse
Engagement bei der Herstellung des Buches. Für die grosszügigen Druckkostenzuschüsse
dankt die Autorin zudem

der Schweizerischen Reformationsstiftung SRS,
der Ulrich Neuenschwander-Stiftung,
den Reformierten Kirchen Bern-Jura-Solothurn.

Die Deutsche Bibliothek – Bibliografische Einheitsaufnahme
Die Deutsche Bibliothek verzeichnet diese Publikation in der Deutschen Nationalbibliografie;
detaillierte bibliografische Daten sind im Internet über http://dnb.ddb.de abrufbar.

ISBN-10: 3-290-17384-4
ISBN-13: 978-3-290-17384-5

Umschlaggestaltung, Satz und Layout: Mario Moths, Marl
Druck: AZ Druck und Datentechnik GmbH, Kempten

© 2006 Theologischer Verlag Zürich
www.tvz-verlag.ch

Alle Rechte, auch die des auszugsweisen Nachdrucks, der fotografischen und audiovisuellen
Wiedergabe, der elektronischen Erfassung sowie der Übersetzung, bleiben vorbehalten.

In*halt*

Einleitung   9

I.   Alttestamentliche *Frauenporträts*   17

     Die Bibel-Leserin   19
     Susanna: Eine Frau bewahrt ihre Identität   23
     Batseba: die tragische Frauenfigur   31
     Asenat gehört ins Bild: Rembrandts Gemälde «Der Segen Jakobs»   45
     Delila: bezaubernde Verführerin   53
     Frau Potifar: Rache einer Verschmähten   57
     Ester: Retterin ihres Volkes   61

II. Neutestamentliche *Frauenfiguren*   69

     Maria, die Mutter Jesu   75
     Maria von Magdala   93
     Die Ehebrecherin: in die Freiheit entlassen   103
     Die Samaritanerin am Brunnen: gestillter Lebensdurst   113

III. Frauen in Rembrandts *Leben und Werk*   131

Das Leitbild der Mutter   135
Entdeckung von Eros und Sexualität   137
Liebe und Tod   143
Sexualität und Schuld   145
Freiheit und Sexualität: Partnerschaft von Frau und Mann   151

IV. Sexualität in Kirche *und Gesellschaft*   155

V.   Zum Schluss: *von menschlicher und göttlicher Liebe*   165

Eva und Adam: Wo bleibt die Erotik?   171
Rebekka und Isaak: Rembrandts Hohelied der Liebe   177
Simeon und Hanna mit dem Christuskind   183

Rembrandts Leben: Zeittafel   186
Literaturverzeichnis   187
Quellennachweise   189
Register der Bibelstellen   192

für Hans und alle,
*welche Interesse und Freude an Theologie
und Kunst mit mir teilen*

Einleitung

Durch ihre emotionale Aussagekraft und ihren ansprechenden Charakter ziehen Rembrandts biblische Darstellungen auch heute noch Betrachter und Betrachterinnen in ihren Bann. Wer sich intensiver mit dem Werk des holländischen Malers aus dem 17. Jahrhundert beschäftigt, entdeckt bald, dass viele seiner Bilder aus dem kreativen Umgang mit den Texten der Bibel entstanden sind. Deshalb erhalten seine Aussagen ihre immer wieder bewunderte theologische Tiefe. Was er mit scharfer Beobachtungsgabe und Imagination, verbunden mit einem reformatorischen Elan, in Farbe, Form, Linie, Fläche und Tiefe, und immer mehr auch im Spiel von Dunkel und Licht auf Papier, Holz und Leinwand umsetzt, wird Anrede und Verkündigung. Die Begegnung, dieser Dialog zwischen Maler und Text, setzt sich im Gespräch zwischen Bild und Betrachtenden fort und kann wiederum zu einer neuen Befragung und erneuter Vertiefung in das Wort der Bibel führen. In diesem lebendigen Kreislauf liegt wohl eines der Geheimnisse und die Faszination der Kunst Rembrandts.

Diese Begabung oder Berufung, in reformiert-calvinischer Diktion würden wir von seiner «vocatio» sprechen, kommt nun nach meiner Beobachtung besonders deutlich in den Darstellungen biblischer Frauengestalten zum Ausdruck. Der Künstler Rembrandt verleiht diesem lange zum Schweigen verurteilten Geschlecht eine Stimme. Und vielleicht ist es gerade unserer Zeit vorbehalten, seine Frauenbilder neu zu sehen und zu verstehen. Frauen haben sich in den letzten Jahren und Jahrzehnten in Gesellschaft und Kultur immer stärker zu Wort gemeldet. Man(n) ist für ihre Situation offener und aufmerksamer geworden. Aber noch immer und vielleicht gerade jetzt vermag der gros-

Abb. 1: Pablo Picasso: Rembrandt und Frau mit Schleier, 1934.

se und sensible Maler aus dem 17. Jahrhundert mit seinen differenzierten Frauenporträts uns Überraschendes zu sagen. Dass Rembrandt eine grosse Sensibilität für das Wesen der Frau gehabt hat, lässt sich an seinen säkularen und biblischen Frauendarstellungen nachweisen. Ich denke, diese Achtsamkeit hat ihren Grund sowohl in Rembrandts Zeit und Umfeld wie in seinem persönlichen Leben und Schicksal. In der Auseinandersetzung mit seinen biblischen Frauenporträts wird sich zeigen, dass Rembrandt manches vorwegnimmt, was erst Jahrzehnte später, unter anderem durch die feministische Theologie, ins Bewusstsein gerückt worden ist.

Die schönsten und eindrücklichsten Frauenporträts hat Rembrandt ohne Zweifel von seinen beiden Lebensgefährtinnen geschaffen. In diesen spiegelt sich seine ganze Entwicklung als Maler. Von der subtilen Silberstiftzeichnung von Saskia (1633) und dem Gemälde, welches Saskia in Samt und Seide, Spitze und Pelz gehüllt im Profil darstellt (vgl. Abb. 44), bis zu den Porträts seiner zweiten Lebensgefährtin Hendrickje Stoffels (vgl. Abb. 52 und 53), bei denen es ihm auf wunderbare Weise gelingt, inneres Wesen, Seele und Ausstrahlung der porträtierten Frauen zum Klingen zu bringen, liegt für den Künstler ein weiter, schicksalsschwerer und doch unaufhörlich kreativer Weg.

Kein geringerer als Pablo Picasso hat mit seiner Zeichnung «Rembrandt und Frau mit Schleier» mit feinem Humor und grosser Sensibilität Rembrandts Einstellung gegenüber dem weiblichen Geschlecht aufgezeigt. Seine Darstellung ist eine «Hommage» an seinen Malerkollegen aus dem 17. Jahrhundert. So sieht dreihundert Jahre später der Spanier seinen Berufskollegen aus dem Norden: Kraus, vibrierend vor Spannung und Lebensfreude, in der Linken die Palette, tastet er staunend mit der Rechten nach der Hand der Frau, welche trotz des Schleiers in klarer Ziseliertheit wie eine Statue neben ihm steht. Die respektvolle, freudig staunende Haltung des Malers dem weiblichen Geschlecht gegenüber ist damit sehr treffend charakterisiert. Dass sich Rembrandt privat den Frauen gegenüber längst nicht immer so respektvoll verhalten hat, kommt in seiner Malerei nur indirekt zur Sprache. Von dem gebrochenen und unschönen Verhalten seiner Haushälterin gegenüber wird im Kapitel über die Frauen in Rembrandts Leben und Werk eingehender die Rede sein.

Als Theologin habe ich mich mit besonderem Interesse den Frauengestalten in seinen biblischen Gemälden zugewendet. Es ist eine äusserst reizvolle Sache, dem Maler als Exegeten der biblischen Botschaft auf die Finger zu schauen, mit seinen Darstellungen in einen Dialog zu treten, sie den alten Texten gegenüberzustellen und mit ihnen zu vergleichen. Wie stellt der Künstler das

Wesen dieser biblischen Frauengestalten und ihre Wirkung dar, und wie interpretiert und präsentiert er sie für seine eigene Zeit?

Rembrandt, 1606 mitten im Befreiungskrieg des reformierten Hollands gegen das katholische Spanien geboren, wird zum Maler der Freiheitsgeschichte des Menschen überhaupt. In diesem Zusammenhang ist uns ein Ausspruch überliefert, welcher seine persönliche und politische Haltung treffend charakterisiert: Darauf angesprochen, dass er sich zu wenig mit den Würdenträgern in Gesellschaft und Politik und zu intensiv mit dem einfachen Volk befasse – mit den jüdischen Flüchtlingen aus Spanien und Portugal zum Beispiel –, habe der selbstbewusste Künstler geantwortet: «Freiheit suche ich, nicht Ehre!» Durch sein eigenes Beispiel hat er dieses Lebensmotto unter Beweis gestellt, indem er gerade in seiner härtesten und schwierigsten Zeit die wunderbarsten Gemälde schuf.

Der gelernte Historienmaler nimmt dabei die Freiheitsgeschichte der Bibel als Grundlage. Ungefähr ein Drittel seiner Gemälde und mehr als die Hälfte seiner Zeichnungen und Radierungen sind biblischen Inhalts. Interessant ist, dass sie, ausser dem Passionszyklus für Prinz Frederik Hendrick, nicht als Auftragsgemälde von Kirchen oder Geistlichen, sondern aus Eigeninitiative entstanden und im «freien Markt» verkauft wurden. Dies entsprach der neuen Lebenshaltung einer vorwiegend reformierten Bevölkerung, welche ihre Spiritualität von der Kirche weg ins eigene Haus verlegt hatte und dieses entsprechend mit Gemälden auch religiösen Inhalts ausstattete. Zudem hatte sich durch regen Handel eine reiche Bürgerschicht gebildet, die ihre eigenen Kunstkammern unterhielt. Als Reformierter liest Rembrandt die Bibel und stösst dadurch auf Themen, die so in der ikonografischen Tradition bis anhin nicht beachtet wurden. Gerade im Blick auf die biblischen Frauengestalten führt dies den Maler zu neuen Entdeckungen. Bei der Auseinandersetzung mit den einzelnen Frauengestalten des Alten wie des Neuen Testaments wird sich zeigen, dass die «Biblische (Frauen-)Geschichte» immer eine Befreiungsgeschichte ist.

Zuerst lassen die markanten, realitätsnahen Frauengestalten des Alten Testaments den Maler zu Stift und Pinsel greifen. So gehören Bilder der Prophetin Hanna, verbunden mit dem Porträt seiner Mutter, oder die Gestalt der selbstbewussten und mutigen Susanna zu seinen ersten Darstellungen. Aber auch die dunkle, verführerische Seite weiblicher Sexualität inspiriert ihn in den Figuren der Delila und der Frau Potifar zu verschiedenen Werken. Es sind ero-

Abb. 2: Die Lobpreisung Simeons und Hannas, um 1628.

tisch anziehende, handlungsstarke, prophetische und politische Frauen, die des Malers Aufmerksamkeit erregen.

Erst später, nach dem Tod seiner geliebten Frau Saskia, wendet er sich neutestamentlichen Figuren wie Maria, der Mutter Jesu, und Maria Magdalena, der ersten Osterzeugin, zu. Die Darstellungen werden nun fliessender, differenzierter und spiritueller. Auch problematische Gestalten wie die der Ehebrecherin und der Samaritanerin werden auf subtile Weise, mit tiefem Verständnis für ihre verworrene Lage und ihre Befreiung daraus, erfasst. So kann man wohl sagen, dass sich Rembrandt mit den neutestamentlichen Frauenporträts immer mehr einer Malerei der Zärtlichkeit zuwendet.

Dabei überlagern sich oft die biblischen Figuren und die Frauen, die Rembrandt in seinem persönlichen Leben begleiten. So verwendet er das Bildnis seiner Mutter gerne für die Darstellung der Prophetin Hanna, jener Frau, die an der Schnittstelle von Altem und Neuem Testament steht und die nach dem Evangelisten Lukas (Lk 2,36ff) seit dem Tag ihrer Verwitwung ihr ganzes Leben im Tempel verbringt, um dann bei der Darbringung des Jesuskindes im Tempel laut Gott zu preisen, weil sie «das Zeichen der Zeit» erkennt (vgl. Abb. 2). Oder seine zweite Lebenspartnerin Hendrickje Stoffels wird zum Modell für das berühmte Gemälde der Batseba, welches heute im Louvre zu bewundern ist. Durch diese Verknüpfung mit seinem persönlichen Leben wird den biblischen Gestalten nicht nur eine Lebendigkeit und Aktualität verliehen, sondern umgekehrt wird dadurch auch den Personen des alltäglichen Lebens eine Würde und ein Respekt entgegengebracht, die in der Bibel selbst verankert sind. In dieser Verknüpfung liegt aber auch ein tiefer theologischer Sinn und ein Hauptanliegen des ganzen reformatorischen Aufbruchs: Die Bibel wird zum lebendigen, klärenden, tröstenden und weiterführenden Wort im aktuellen Leben der Menschen. Gerade das Beispiel der Batseba wird uns Gelegenheit geben, uns intensiver damit zu befassen.

Bei der Betrachtung der biblischen Frauenporträts sind deshalb stets beide oben dargelegten Aspekte im Auge zu behalten: sowohl der emanzipatorisch-theologische Charakter der holländischen Reformation mit all ihren sozialpolitischen Implikationen wie auch die persönlichen Erfahrungen des Malers und seine Achtsamkeit für das seelische Empfinden der Menschen, ganz besonders auch der Frauen.

Die entscheidende Rolle, die Frauen in Rembrandts Leben und Werk spielen, aber auch die Ächtung, welche er und Hendrickje wegen ihres freien Verhältnisses von Kirche und Gesellschaft erfahren, legen es nahe, in einem gesonderten Kapitel nach der Haltung von Kirche und Gesellschaft zur Sexualität zu fragen.

Das Schlusswort jedoch soll dem Maler in seinen Darstellungen der menschlichen und göttlichen Liebe gehören. Während Rembrandt in den Liebespaaren «Adam und Eva» und «Isaak und Rebekka» die menschliche Liebe in ihrer Problematik und Schönheit zum Thema wählt, ist in dem Gemälde von «Simeon und Hanna mit dem Christuskind» die göttliche Liebe die letzte Botschaft seines Malerlebens.

I. Alttestamentliche
Frauenporträts

Die *Bibel-Leserin*

In diesem frühen Gemälde von 1631, Rembrandt ist 25 Jahre alt, zeigt sich bereits seine Stileigentümlichkeit des «Hell-Dunkel», worin er es noch zu grosser Meisterschaft bringen wird. Dabei fällt auf, dass nicht etwa das Antlitz, das Porträt selbst, erhellt ist, sondern vielmehr das Buch und die dem Text folgende Hand. Dadurch macht der Maler deutlich, dass es ihm darum geht zu betonen, was die Frau tut: Sie liest in der Bibel.

In der Zeit zwischen 1626 und 1637 entsteht die Holländische Bibelübersetzung in der berühmten Universitätsstadt Leiden. Laien, Frauen und Männer, haben nun die Möglichkeit, die Bibel in ihrer eigenen Sprache zu lesen; sie sind nicht mehr abhängig von der Übersetzung und Deutung des Priesters. Das Priestertum aller Glaubenden nimmt seinen Anfang auch in den lesenden Frauen. Die Frau, welche konzentriert in der Bibel liest, trägt die Gesichtszüge von Rembrandts Mutter Cornelia. In diesem kleinen Gemälde hat Rembrandt sowohl seiner eigenen Mutter wie den Müttern seiner Zeit ein schönes und ehrenvolles Andenken geschaffen. Gleichzeitig bringt er damit das reformatorische Grundanliegen zur Geltung: Nicht der Mensch, auch nicht die noch so verehrte Mutter, nicht die Menschenfündlein und Gesetzlein sind es, sondern allein das Wort Gottes ist es, welches das menschliche Herz bewegt und erleuchtet. Gottes Wort leuchtet hell; die menschliche Hand jedoch vermag es nachzubuchstabieren, wie hier die Hand von Rembrandts Mutter.

Damit ist noch ein anderes Anliegen der Reformation ins Bild gebracht, welches vor allem der Genfer Reformator Johannes Calvin, der Holland tief beeinflusst hat, immer wieder betont: nämlich den Weg zur Gottes- und Selbsterkenntnis, auf welchen uns das lebendige Wort der Bibel führen will. Die

Abb.4: Rembrandts Mutter mit schwarzem Schleier, um 1631.

Bibel-Leserin wird in der Kunstgeschichte auch als die Prophetin Hanna bezeichnet: Ist doch Hanna das alt- und neutestamentliche Vorbild all jener, die trotz eines verlustreichen Lebens Gott und seinen Verheissungen nahe bleiben und deshalb fähig sind, das Neue, den Messias auch in seiner kindlichen Gestalt, zu erkennen.

In seinem ersten Gemälde von der Darbringung Jesu im Tempel («Die Lobpreisung Simeons» 1628) hat Rembrandt dieser Prophetin, der er die Gesichtszüge seiner Mutter gegeben hat, ein eigenes Denkmal geschaffen (vgl. zu Abb. 2 Lk 2,33ff). Auf diese Weise gelingt es dem Maler, eine geistige Kontinuität und lebendige Nähe zwischen Menschen verschiedener Zeiten zu schaffen.

Für Rembrandt stimmt wohl in besonderer Weise, dass die erste prägende Frau seine Mutter ist. Die Lebendigkeit und Ausdruckskraft junger Frauengesichter hat Rembrandt erst nach seiner Heirat mit Saskia entdeckt.

Rembrandt hatte bereits von Anfang an ein Flair für die Darstellung alter Menschen. So hat er, neben der «Bibel-Leserin», in seinem Leidener Atelier weitere ausdrucksstarke Porträts seiner Mutter radiert und gemalt. Wenn wir Rembrandts Bildnisse alter Menschen mit ihren verrunzelten Gesichtern, den tief liegenden Augen und den eingesunkenen Wangen betrachten, werden wir unwillkürlich berührt von deren Würde, Aufrichtigkeit und deshalb auch «Schönheit». Bestimmt besteht ein Zusammenhang zwischen Rembrandts Ausdruckskraft in der Darstellung alter Menschen und der Wertschätzung und Liebe zu seiner Mutter. Dieser Eindruck verstärkt sich noch, wenn wir aus seiner Biografie erfahren, dass er seinen zwei kurz nach ihrer Taufe verstorbenen Töchtern den Namen seiner Mutter, Cornelia, verliehen hat, und zum dritten Mal hat ihn zwanzig Jahre später nochmals die gemeinsame Tochter mit Hendrickje erhalten.

Was Rembrandt vielleicht nicht bewusst erstrebt hat und was ja auch erst im Nachhinein erkannt werden kann, ist, dass er in der «Bibel-Leserin» ein wunderbares Symbolbild der Reformation und damit gleichzeitig das Bild der sich durch Gottes Wort emanzipierenden Frau kreiert hat.

Susanna: *Eine Frau bewahrt ihre Identität*

Im Abstand von zehn Jahren hat Rembrandt zwei Versionen der «Susanna im Bade» gemalt (1636 und 1647), daneben sind verschiedene Zeichnungen entstanden, die letzte 1655. Dies zeigt, dass ihn diese Geschichte aus dem apokryphen Text B zum Buch Daniel immer wieder beschäftigt hat.

Man könnte wohl Betrachtungen zum Thema «Susanna und die Maler» anstellen; denn die Situation der von den beiden geilen Richtern beobachteten, nackt badenden Frau muss ja ein Malerauge zu erotischen Darstellungen reizen. Dieses durch die beiden Alten personifizierte Lustmotiv findet bei anderen Malern grossen Anklang, so etwa bei Tintoretto und Rubens. Nicht so bei Rembrandt und seinem Lehrer Lastmann, bei welchen die Darstellung der Bedrohung der jungen Frau Vorrang hat. Rembrandt variiert das Thema über Jahre, indem er die Dramatik des Geschehens und die Haltung Susannas immer deutlicher ins Bild bringt. Die Historienmalerei, in der sich Rembrandt bei seinem katholischen Lehrer Pieter Lastmann ausgebildet hat und bei welcher vorwiegend die biblischen Geschichten im Zentrum stehen, bewahrt Schüler und Lehrer davor, sich auf die reine Darstellung des Körperlichen zu beschränken. Darstellung der Geschichte und der seelischen Verfassung der Susanna spielen eine entscheidende Rolle. Nicht, dass das Körperliche und Erotische ausgeschaltet wären: So steht in der ersten Fassung im Hochformat Susanna im Zentrum, während die geilen Richter im Gebüsch im Hintergrund kaum erkennbar sind. Bestimmt spielt dabei die Freude des frisch verheirateten Malers am Erotischen hinein (vgl. dazu auch den Kommentar zum im selben Jahre entstandenen Gemälde der Danae, Abb. 43). Zehn Jahre später wird das Körperlich-Erotische zugunsten der Dramatik des Geschehens und der bedrängten Lage der Frau noch stärker zurückgenommen. Wenn wir Rubens´ Darstellung zum Vergleich heranziehen, so wird das Ganze noch deutlicher, da bei Rubens das Geschehen ganz in den Körper verlegt und dabei die Dramatik sowohl der weiblichen wie der männlichen Sexualität betont wird.

Abb. 6: Pedro Pablo Rubens: Susanna und die beiden Alten, 1610/11.

Die Geschichte Susannas, *einer Heldin des Glaubens*

Susanna war die Frau des angesehenen Juden Jojakim, der während des Exils Israels in Babylon ein schönes Haus mit Garten und Teich besass. In seinem Haus pflegten sich die Männer der jüdischen Gemeinde zu versammeln. Auch zwei zu Richtern gewählte Älteste gingen da täglich ein und aus und allmählich entbrannten die beiden in leidenschaftlicher Begierde zur schönen Susanna. Nachdem sie einander ihre Leidenschaft gestanden hatten, lauerten sie eines Tages Susanna im Garten auf, als diese im Begriff war, im Teich zu baden. Die geilen Alten erpressten die nackte Frau. Der Dialog zwischen ihnen und Susanna bildet denn auch das Grundmotiv für Rembrandts Darstellung:

Die beiden Ältesten kamen aus ihrem Versteck hervor, liefen zu Susanna und sagten: «Die Tore sind verschlossen, niemand sieht uns. Wir brennen in Liebe zu dir, sei uns zu Willen und gib dich uns hin! Wenn du dich sträubst, werden wir dich anklagen und sagen: Ein junger Mann war bei ihr.» Susanna stöhnte verzweifelt auf und sagte: «Es gibt keinen Ausweg für mich! Wenn ich tue, was ihr verlangt, bin ich als Ehebrecherin dem Tode verfallen; und wenn ich mich weigere, bin ich in eurer Hand und muss genauso sterben. Aber ich will lieber durch euch den Tod erleiden, als vor Gott schuldig werden.» (Daniel LXX 13,19–23)

Da also Susanna ihr Ansinnen ablehnte, machten die beiden Alten ihre Drohung wahr, verleumdeten sie und bezichtigten sie des Ehebruchs mit einem jungen Mann. Am nächsten Tag verurteilte die Versammlung der jüdischen Männer Susanna zum Tode. Auf dem Weg zu ihrer Hinrichtung jedoch wurde das Verfahren durch den lauten Protest des jungen Daniel aufgehalten. Auf sein Drängen hin wiederholte man die Gerichtssitzung und die beiden Alten wurden durch Einzelbefragung aufgrund ihrer widersprüchlichen Aussagen entlarvt und verurteilt. So trugen die Tugend, die Treue und das Gottvertrauen Susannas durch Daniels Weisheit und Mut den Sieg davon.

Rembrandts Darstellung der *Susanna von 1647*

Das Beispiel des Widerstandes der wehrlosen Frau hat den Maler wie gesagt über Jahre beschäftigt. Auch das Bild von 1647 ist, wie mit Röntgenaufnahmen nachgewiesen wurde, die Übermalung einer früheren Fassung aus den Dreissigerjahren.

Abb. 7: Susanna im Bade, von den beiden Alten überrascht, 1647.

Schon der ganze Aufbau des Bildes zeigt, dass Susanna in ihrer Nacktheit nicht einfach Anlass für ein erotisches Aktgemälde sein kann, denn der überwiegende Teil des Bildes wird von der dunklen drohenden Umgebung beherrscht – wobei sich Rembrandt darüber hinwegsetzt, dass das Ganze am hellen, heissen Mittag geschieht. Durch das dunkle Bild vermittelt der Maler die tödliche Bedrohung dieses sehr hellen kleinen Frauenkörpers, wie sie eben im Begriff ist, ins Wasser zu steigen. Die Auseinandersetzung zwischen den zwei geilen Richtern und der wehrlosen Frau – ihr leuchtend rotes Kleid und die Sandalen sind ordentlich auf Mauervorsprung und Treppe gelegt – nimmt die rechte Hälfte des Bildes ein, während die linke mit dem Wasser, den schwach angedeuteten Bäumen und dem bis an den oberen Bildrand aufsteigenden Schloss leblos und bedrohlich erscheint.

Da ist nicht ein Körper in schöner edler Gelassenheit, sondern ein Leib, welcher Angst, Abwehr, Scham und Hilflosigkeit ausdrückt. Einer der Männer hat Susanna am Tuch ergriffen, der andere versperrt die Gartenpforte. Man spürt: Die Drohung ist ausgesprochen und wir sehen die Frau aufstöhnen: «Es gibt keinen Ausweg für mich!» Während Rembrandt diese Szene in seinen Zeichnungen als Dialog zwischen Susanna und ihren Bedrängern darstellt, wählt er hier eine noch subtilere und sprechendere Ausdrucksweise. Susanna schaut nämlich hilfesuchend aus dem Bild heraus, als ob sie von den Betrachtenden Hilfe erwarten könnte. Auf eine sehr noble, berührende Weise zieht der Maler die «Zuschauer» damit ins Geschehen hinein. Das hat nichts mit Voyeurismus, sondern vielmehr mit Mitbeteiligung und Mitgefühl zu tun. Das Bild führt auf diese Weise einen doppelten Dialog: den, der zwischen den Alten und Susanna stattfindet, und gleichzeitig denjenigen mit den Betrachtern des Bildes. Damit stossen wir auf ein Merkmal, das in vielen Darstellungen Rembrandts auffällt und welches mit zu den Besonderheiten und zum Geheimnis seiner Kunst gehört: der Einbezug der Betrachtenden ins Geschehen. Nicht zu genüsslicher Kunstbetrachtung wird eingeladen, sondern Betroffenheit wird hervorgerufen, Engagement und Parteinahme werden gefordert. Dadurch erhalten Rembrandts Gemälde ihren im wahrsten Sinne des Wortes «an-sprechenden», verkündigenden Charakter. Damit auch ist der Weg über die Einzelaffäre hinaus geöffnet für ein grundsätzliches, allgemeines Verstehen: Erkennen der Situation der bedrängten Frau und Parteinahme und Einsatz für ihr Recht.

Mit dem Susanna-Gemälde ist es Rembrandt gelungen, die Frau aus der typischen Aktrolle zu befreien, die sie zum Objekt macht, und sie als Mensch in «nackter» Not und Bedrängnis darzustellen, der unsere Anteilnahme im Kampf gegen Drohung, Nötigung und Erpressung weckt. Dadurch bekommt der helle Körper Susannas noch eine andere Dimension, wirkt er doch in der ganzen bedrohlichen Umgebung wie die Gestalt eines reinen, aber bedrängten Engels. Und nun entdecken wir auch, wie das warme samtene Rot ihres Kleides auf wunderbar beruhigende Weise mit der Helligkeit des Körpers korrespondiert. Dies deutet in feiner symbolischer Art auf den guten Ausgang der Geschichte. Der Mut, die Integrität, «Reinheit» und Treue der bedrängten Frau, aber auch ihr Vertrauen auf die Hilfe Gottes werden den Sieg davontragen. Und Susanna wird, aller Bedrohung und Erpressung zum Trotz, am Leben bleiben.

Theologisch besehen liegt eine Verheissung in diesem Bild, leuchtet doch darin beispielhaft und aufs Schönste die Seligpreisung der Bergpredigt auf: *«Selig, die reinen Herzens sind – sie werden Gott schauen.»* (Mt 5,8).

Eine Konsequenz und Weiterführung des Susanna-Gemäldes bilden die zwanzig Jahre später gemalten Dreiviertel-Porträts der Lukretia. Die geschändete Lukretia ersticht sich mit dem Dolch. Sie wählt lieber den Tod als ein Leben, das der weiblichen Würde beraubt ist. Geschichte und Schicksal der Lukretia sind in Rembrandts Darstellung, verglichen mit dem Gemälde der Susanna und auch dem der Batseba, noch weiter reduziert: Sie spiegeln sich allein in der Haltung und in den Gesichtszügen. Es sind äusserst berührende Bilder, die Rembrandt im Alter malt, und ich wüsste keinen Maler, der auf sensiblere Weise das Seelenleben von Frauen dargestellt hätte.

Batseba:
die tragische Frauenfigur

Mit der weit komplizierteren Frauengestalt der Batseba beschäftigt sich Rembrandt einige Jahre später, in seiner eigenen Biografie dafür sensibilisiert durch den sich bis zum Gerichtsfall ausweitenden Streit mit seiner ehemaligen Haushälterin und Geliebten Geertghe Dircx. Aus den Gerichtsdokumenten erfahren wir, dass sie nach heftigen Auseinandersetzung mit dem ehemaligen Geliebten schlussendlich ins Frauengefängnis von Gouda gebracht wurde und dass Rembrandt in diesem Prozess wohl eine zweideutige und üble Rolle gespielt hat. Nebst den ihr nachgewiesenen Verschuldungen ist die Frau zweifellos auch das Opfer seiner Unduldsamkeit, seiner Arroganz und Undankbarkeit (genauere Ausführungen dazu im Kapitel über Rembrandt und die Frauen in seinem Leben und Werk).

Zwar bin ich nicht der Meinung, dass das Biografische sich notgedrungen im Werk eines Künstlers niederschlagen muss, aber in diesem Fall sind die Spuren doch unverkennbar. Es ist auffällig, dass sich Rembrandt in diesen Jahren der gewaltsamen Abwendung von der ehemaligen Geliebten und der neuen Beziehung zu der jüngeren und attraktiveren Hendrickje Stoffels äusserst intensiv, vor allem auch zeichnerisch, mit der Geschichte von David und Batseba auseinander setzt.

In der sehr alten Geschichte von 2Sam 11–12 wird die alttestamentliche Auseinandersetzung um Schuld und Sühne, Sünde und Vergebung auf höchster, nämlich königlicher Ebene geführt. Es geht dort um Vergewaltigung, Ehebruch, Lüge und Mord, aber auch um Umkehr, Reue, Vergebung und Neubeginn. Da wird die zeitlose Thematik, wie der Mensch mit seinem Schuldigwerden fertig wird und wie er nach seinem «Fall» weiterleben kann, durchgespielt. In ganz besonderer Weise hat die Reformation ihr Augenmerk hierauf gerichtet und den Weg zur Rechtfertigung des Schuldigen aufgezeigt. Gerade der in Holland hoch geschätzte Reformator Johannes Calvin hat als Beispiel für die Rechtfertigung des Sünders allein aus göttlicher Gnade gerne auf das Beispiel von David und Batseba verwiesen. Als Reformierter ist Rembrandt zweifellos von den Gedanken Calvins geprägt, dazu kommt das eigene Erleben (und das eigene Schuldbewusstsein), welches in gewissem Sinn zu demjenigen von David parallel verläuft. Wie stark sich Rembrandt mit der Figur Davids identifiziert, dokumentieren seine Zeichnungen, welche das Geschehen um den König Schritt für Schritt minutiös festhalten. Es spricht jedoch für seine künstlerische und menschliche Freiheit, dass er im Schlussbild als Zentralfigur gerade nicht den aktiven David, sondern die erleidende Batseba wählt. Dieses Gemälde ist ein malerisches Meisterwerk. Und da Batseba die Gesichtszüge seiner neuen Lebenspartnerin trägt, ist es auch ein Dokument für seinen eigenen Neubeginn und seine tiefe Zuneigung für Hendrickje.

Zur Geschichte von *David und Batseba*
Davids Heer liegt im Kampf mit den Ammonitern. Seine Offiziere sind im Feld, unter ihnen auch Uria, Batsebas Ehemann. Der König jedoch sitzt müssig zu Hause. Bei seinem Abendspaziergang auf dem Dach des Palastes entdeckt er eine badende Frau von ausgesprochen schöner Gestalt; es ist Batseba. Der König entbrennt in Begierde zu ihr, und obwohl er erfährt, dass sie die Frau seines Offiziers Uria ist, lässt er sie zu sich holen und schläft mit ihr. Batseba wird schwanger und lässt es David wissen. Um sein Unrecht zu verstecken, greift der König zu einer List und lässt unter dem Vorwand, sich über die Lage des Heeres informieren zu wollen, Uria nach Hause kommen. Nachdem ihm Uria Bericht erstattet hat, schickt ihn der König nach Hause und lässt ihm noch ein Geschenk nachtragen. Uria jedoch will keine Sonderrechte für sich beanspruchen und schläft draussen vor dem Tore bei den Knechten des Königs. Als der

König dies erfährt, lädt er Uria nochmals zu sich ein, bewirtet ihn und macht ihn betrunken. Aber auch diesmal geht Uria nicht nach Hause, schläft also nicht mit seiner Frau.

Nun schreibt der König den verhängnisvollen Brief, in welchem er seinen Feldherrn Joab anweist, Uria im Kampf an die gefährlichste Stelle zu schicken, damit er umkomme. Den Mordbefehl lässt der König perverserweise durch Uria selbst überbringen. Wie geplant kommt Uria um, und nachdem die übliche Trauerzeit verstrichen ist, lässt David Batseba zu sich holen. Sie wird seine Frau und gebiert einen Sohn. Das durchtriebene Spiel des Königs ist scheinbar gelungen, wie so viele ähnliche zu gelingen scheinen bis in unsere Tage.

Der König hat aber die Rechnung ohne den Wirt gemacht. Am Schluss des Berichtes über Davids Ehebruch und Mord steht im Bibeltext der Satz: «*Dem Herrn aber missfiel, was David getan hatte.*» (2Sam 11,27). Damit wird eine für die alttestamentliche Theologie typische Aufarbeitung des scheinbar abgeschlossenen Geschehens eingeleitet. Der König wird nun vor den obersten Richter, vor Jahwe zitiert. Darin zeigt sich, dass sich Israel trotz der Begeisterung für das Königtum immer eine königskritische Distanz bewahrt hat.

Der Mensch, auch und gerade wenn er König ist, wird nie aus der Eigenverantwortung und der Verantwortlichkeit für seine Mitmenschen entlassen. Was er tut, wird hinterfragt, von Gott, vom Gesetz, vom Propheten und von seinem eigenen Gewissen. Wenn der König versagt, so schickt ihm Gott seinen Propheten.

Der Prophet Natan tritt nun also vor den König, um ihn zur Rechenschaft zu ziehen. In der Art und Weise, wie er dies tut, eröffnet sich den Lesern eine wunderbare Lektion göttlicher Pädagogik. Ziel ist die Selbsterkenntnis des Königs und die Erkenntnis dessen, was vor dem Schöpfer und Bewahrer des Lebens würdig und recht ist. Es gibt keine öffentliche Anklage, auch keine Gerichtsverhandlung; was geschehen muss, soll im Herzen des Schuldigen passieren.

Natan eröffnet das Verfahren, indem er dem König die Parabel vom Reichen und dem Armen mit dem einzigen Lamm erzählt. Der Prophet hält in dieser Geschichte dem König gleichsam einen Spiegel vor, ähnlich wie uns die biblischen Geschichten und Gleichnisse als Spiegel vorgehalten sind:

Der Reiche hatte sehr viele Schafe, aber der Arme hatte nur ein einziges Schäflein, das er aufzog und hielt wie ein Kind. Weil es den Reichen reute, für seinen Gast eines seiner eigenen Schafe zu schlachten, nahm er dem Armen sein einziges Schaf weg, um es dem Gast zuzubereiten.

Abb. 9: Natan ermahnt David, um 1655.

Wie Natan so erzählt, entbrennt des Königs Zorn heftig, und er ruft: «*So wahr der Herr lebt: Der Mann, der das getan hat, ist ein Kind des Todes!*» (2Sam 12,5). Ohne sich dessen bewusst zu sein, verurteilt der König also sich selber.

Da spricht Natan zu David: «*Du bist der Mann!*» und zählt dem König vorerst einmal alle Wohltaten auf, die dieser von Gott erfahren hat. Dann bringt er das verübte Verbrechen Davids zur Sprache und fragt ihn: «*Warum hast du das Wort des Herrn verachtet und getan, was ihm missfällt?*» (2Sam 12,9). Nachdem der Prophet dem König sein Unrecht an Uria und Batseba vor Augen geführt hat, kündigt er ihm Unheil in seinem eigenen Hause an.

Da erkennt der König sein Unrecht und spricht zu Natan: «*Ich habe gegen den Herrn gesündigt!*» Worauf Natan David erwidert: «*So sieht der Herr über deine Sünde hinweg: Du musst nicht sterben! Aber weil du mit dieser Tat den Herrn so verachtet hast, muss der Sohn, der dir geboren worden ist, sterben!*» (2Sam 12,13–14).

Rembrandt hält in seinen Zeichnungen jeden Schritt der Auseinandersetzung zwischen Prophet und König fest und zeigt damit, wie tief sie ihn berührt. Und so entsteht nicht nur eine «anschauliche», sondern auch eine treffende

Abb. 10: «Du bist der Mann!», um 1654/55.

Exegese, in welcher sehr deutlich wird, dass das Unrecht am Mitmenschen immer auch ein Unrecht an Gott selbst ist.

Diese alttestamentliche Erzählung mutet wie ein Präludium zu Aussagen von Jesus in seiner Rede über das Endgericht an: *«Amen, ich sage euch: Was ihr einem dieser meiner geringsten Brüder getan habt, das habt ihr mir getan.»* (Mt 25,40).

Dass der Reformation dieses Gleichnis besonders lieb und wichtig war, ist augenscheinlich, zeigt es doch am Beispiel Davids jeden Schritt bis zur Erkenntnis der eigenen Schuld auf. Nur wem sein Unrecht bewusst wird, der kann auch Reue empfinden, sich die Schuld vergeben lassen und einen Neuanfang setzen, im Wissen, dass dies nicht das eigene Verdienst ist, sondern allein aus göttlicher Gnade geschieht. Es ist dieses Geschehen, das neue Lebensmöglichkeiten auftut und von den Reformatoren als «die Rechtfertigung des Sünders allein aus Gnade» bezeichnet wird.

Der Apostel Paulus bringt dieses Erleben in seiner Selbstdarstellung auf den Punkt: *«Nicht das Gute, das ich will, tue ich, sondern das Böse, das ich nicht will, das führe ich aus. Ich elender Mensch! Wer wird mich erretten aus diesem*

Abb. 11: «So sieht der Herr über deine Sünden hinweg», um 1654/55.

Todesleib?» Und fast lakonisch formuliert er gleich im nächsten Satz die Antwort: *«Dank sei Gott durch Jesus Christus, unsern Herrn!»* (Röm 7,19;24–25).

Dass das Rechtfertigungsgeschehen in den Jahren seiner persönlichen und ökonomischen Krisen zwischen 1648 und 1658 in Rembrandts Kunst zentral ist, zeigt sich auch in dem zur selben Zeit entstandenen Radierungszyklus zur Leidensgeschichte des Messias.

Die Davidepisode bildet so eine Brücke vom Alten zum Neuen Testament. Rembrandt hat, als guter Schüler Calvins, in seinen Darstellungen diese Brücke beschritten. Es ist ergreifend, wie er nun das Ringen Davids um das Leben seines und Batsebas Kindes in einer Radierung zum Ausdruck bringt: Der König weint, fastet und schläft im Trauergewand auf der Erde: *«Wer weiss, vielleicht ist der Herr mir gnädig, und das Kind bleibt am Leben!»* (2Sam 12,22). Wie einfühlsam Rembrandt den Text liest, zeigt ein kleines Detail: Die Harfe des grossen Sängers liegt am Boden, denn es ist nicht die Zeit der Poesie, sondern der Reue und des Bittens. Später wird David wieder dichten, den 51. Psalm zum Beispiel, der zum Lieblingspsalm der Reformatoren wird, in welchem der König um ein reines Herz und um einen neuen, gewissen Geist bittet.

Abb. 12: David im Gebet, 1652.

Das im Ehebruch gezeugte Kind jedoch stirbt trotz der Bitten und Klagen. Und doch gibt es einen Neuanfang für Batseba und David: Ein zweites Kind wird geboren und die geplagte Batseba wird Mutter des zukünftigen weisen Königs Salomo, des «Lieblings des Herrn», der auf Wunsch des Königspaares vom Propheten Natan erzogen wird.

Als ähnlichen Gnadenerweis hat vielleicht Rembrandt nach der Affäre mit seiner Haushälterin das Leben mit Hendrickje erfahren. Im Jahre des Batseba-Gemäldes wird ihre Tochter Cornelia geboren. Wie David und Batseba dürfen Rembrandt und Hendrickje erleben, wie nach Schuld, Verkehrtheit und Verwirrung Neues und Hoffnungsvolles entsteht.

Es ist vielleicht nicht von ungefähr, dass im selben Jahr wie die ergreifende Radierung des bittenden David auch – nach langem Unterbruch in der Reihe der Selbstbildnisse – das berühmte Selbstporträt entsteht (vgl. Abb 13), welches viel an schmerzlicher Selbsterkenntnis, aber auch an hoffnungsvoller Festigkeit ausstrahlt.

Wie der Reformator Johannes Calvin *Davids Traurigkeit interpretiert*
In seinen Predigten zur David-Batseba-Geschichte verweist Calvin immer wieder auf Psalm 51. Nachdem David sein Unrecht eingesehen hat, wird auch seine Bitte um die erneute Gabe seiner Dichtkunst («*Herr, tue meine Lippen auf, und mein Mund wird deinen Ruhm verkünden.*» Ps 51,17) erhört, worauf er zur Bekehrung und Unterweisung seines Volkes das Lied seines Bekenntnisses dichtet, welches durch Calvin auch zum Lied der reformierten Kirche geworden ist.

Calvin geht zuerst auf den Umstand ein, dass der König, unmittelbar nachdem ihn der Prophet seines Unrechts überführt hat, seine Schuld einsieht. Cal-

Abb. 13: Grosses Selbstbildnis, 1652.

vin meint, dass der König trotz seines Lebenswandels im tiefsten Grunde eine Zuneigung, «une affection», für Gott bewahrt und der göttliche Geist in ihm wie ein mottendes Feuer unter der Asche geglüht hat. Deshalb die so spontane Reaktion: *«Ich habe gegen den Herrn gesündigt.»* (2Sam 12,13). Darin kommt auch das unverbrüchliche Wissen zum Ausdruck, dass, wer sich gegen Gottes Geschöpf vergeht, sich ebenso am Schöpfer selbst vergeht. *«An dir allein habe ich gesündigt»*, lautet Davids Geständnis in Psalm 51,6.

Calvin legt bei seinen Darlegungen grosses Gewicht auf Davids psychische Verfassung: Die Erkenntnis seines Unrechts löst im König eine tiefe Traurigkeit aus. Es ist die Traurigkeit der Gottesferne des Geschöpfes. In dieser Traurigkeit drückt sich seine Einsamkeit und Isolation aus. Sie trennt ihn auch von seinen Mitmenschen. Bei David äussert sich dies im Versiegen seiner Dichtergabe. Rembrandt hat diese Kommunikationslosigkeit in seiner Radierung auf feine Weise mit der auf dem Boden liegenden Harfe dargestellt. Es ist eine «Traurigkeit zum Tode» und beinhaltet gleichsam das Todesurteil für den Betroffenen. Weil dieses Trauern aber vor dem höchsten, dem göttlichen Richter geschieht, bedeutet sie seine Errettung. Denn der göttliche Richter ist gleichzeitig der gnädige Erbarmer. Für den Reformator sind dabei die Erkenntnis und der Glaube entscheidend, dass Gottes Gerechtigkeit hoch erhaben ist über alles menschliche Unrecht. Und es ist laut Calvin in seiner Auslegung zu Psalm 51 Gottes schöpferisches Amt, aus Finsternis Licht hervorzubringen.

Die Traurigkeit ist also gleichsam das Tor, um zu diesem göttlichen Licht vorzudringen, denn sie führt den Schuldigen zu wahrer Selbst-, aber auch zu wahrer Gotteserkenntnis. Wer hingegen vor ihr flieht oder sie verdrängt, der flieht vor dem Licht der göttlichen Gnade. Nur durch die Traurigkeit hindurch macht der Mensch – und hier bedient sich Calvin direkt einer «wirtschaftlichen» Sprache – seinen Profit («son proffit»).

In der Traurigkeit manifestiert sich einerseits das klare Bewusstsein der Schuld, und zwar nicht nur einer momentanen oder moralischen, sondern der existenziell tief im Menschen sitzenden, die zurückreicht bis vor seine Geburt (*«Siehe, in Schuld bin ich geboren, und in Sünde hat mich meine Mutter empfangen.»* Ps 51,7). Andererseits bildet sie die Voraussetzung zur Vergebung und zum Empfang der Gnade. Beide Pole stehen also in einer Art reziprokem Verhältnis. In der Terminologie Calvins ermöglicht die Selbsterkenntnis (als Sünder) die Gotteserkenntnis (Gott als Richter und Begnadiger); aber auch das Umgekehrte gilt: Die Gotteserkenntnis («affection pour Dieu») führt zur wahren Selbsterkenntnis. Es ist dies ein zentrales Anliegen der Theologie Calvins, dem er in seiner Institutio das erste Kapitel widmet. Martin Luther meint dasselbe, wenn er den Menschen vor Gott als «simul iustus et peccator» (gleichzeitig Sünder und Gerechter) definiert. Aus der David-Affäre zieht Calvin den Schluss, dass unsere Invalidität («notre infirmitez») letztlich nur der Ehre Gottes dienen kann. Der König Israels tut dies auf beispielhafte Weise in seinem Lied, das der Unterweisung der ganzen Kirche dient.

Einen modernen Gedankengang schliesst Calvin an, indem er auf die Ehrlichkeit und Wahrhaftigkeit des Schuldbekenntnisses insistiert. Riten und Formulierungen sind zu nichts nütze, wenn sie nicht aus tiefstem Herzen kommen. David sagt es in seinem Lied so: *«Das Opfer, das Gott gefällt, ist ein zerbrochener Geist, ein zerbrochenes und zerschlagenes Herz, wirst du, Gott, nicht verachten.»* (Ps 51,19).

Es hilft nichts, sich hinter dem billigen Allerweltsspruch zu verstecken, dass wir doch allzumal Sünder seien, und uns so damit vor der Verantwortung drücken. Man kann sich nicht, wie es Calvin ausdrückt, «envelopper avec tout le monde». Wir müssen lernen, unsere Vergehen zu verdammen und Gott Richter sein lassen, denn dieser Richter kennt auch das Heilmittel. Je mehr wir lernen, unsere eigenen Richter zu sein, desto mehr werden wir berührt von Gottes Geist, nicht um in Verzweiflung zu fallen, sondern um umso demütiger sein Heil zu kosten.

Auffallend in seinem Kommentar ist immer wieder des Reformators präzise und sinnenhaft konkrete Sprache. Dem entspricht auch seine Theologie: Wenn es mit dem Herzen stimmt, dann sind auch die äusseren Mittel nicht zu verschmähen. David spricht von den rituellen Waschungen mit Ysop, und der Reformator verweist auf die Waschung der Taufe, in welcher unsere «Verschmutzung» abgewaschen wird durch das Blut von Jesus Christus.

Und immer wieder deckt Calvin das strahlende Herzstück des Psalms auf, die inständige Bitte des Königs um ein reines Herz und einen neuen gewissen Geist: *«Schaffe mir, Gott, ein reines Herz, und gib mir einen neuen, beständigen Geist.»* (Ps 51,12). Das menschliche Herz ist der Sitz des Fühlens, Denkens und Wollens. Wenn das Herz verdorben ist, dann ist alles verdorben: die Psyche, der Intellekt und der Antrieb zur Tat. Wie später der Prophet Jeremia, erkennt schon David, dass da nur ein Neubeginn, ja eine Neuschöpfung helfen kann. Das schöpferische Werk des Herrn über Himmel und Erde ist also nie zu Ende und begleitet den Menschen ständig auf seinem Weg. Das Verb, welches David im Psalm für dieses Schaffen verwendet, ist denn auch der einzig für die göttliche Schöpfung gebrauchte hebräische Ausdruck «barah». Hier findet also nichts weniger als ein neuer Schöpfungsakt mitten im Herzen des Menschen statt. Und damit diese Schöpfung erhalten bleibt, braucht es der ständigen Belebung durch den göttlichen Geist, der das menschliche Fühlen, Denken und Wollen in Schwung hält. Dadurch werden seine Ängste, seine Verzweiflung und seine Isolation aufgehoben und an ihre Stelle treten Freude und Dankbarkeit. Und nach echt alttestamentlichem Empfinden durchdringt diese Freude das ganze menschliche Sein bis in seinen Körper hinein: «*Lass mich Freude und Wonne hören, frohlocken werden die Gebeine*» (Ps 51,10). Da es zum Wesen der Freude gehört, sich mitzuteilen, wird der Mensch auch neu zur Kommunikation befreit: David dichtet neue Lieder. Die Getauften finden sich zusammen in der Feier des Abendmahls.

Der ganze Psalm ist ein Hohelied auf die schöpferische göttliche Gnade und ein Ausdruck der Freude darüber, um es in Calvins Sprache zu sagen, ein Memorial für die ganze weltweite Kirche. Die vertrackte und von Schuld triefende Geschichte des Königs lässt umso mehr das göttliche Licht der Gnade aufleuchten. Denn es ist Gottes Schöpfungswerk, dass aus Finsternis Licht wird. Entsprechend schliesst der Reformator seine Darlegungen zur David-Geschichte mit der seinem universalen Denken entspringenden Bitte, dass der gerechte und barmherzige Gott nicht nur uns dieses Licht aufgehen lasse, sondern «allem Volk und jeder Nation der Erde».

Hilflos ausgeliefert: *die Botschaft des Batseba-Gemäldes*
Mit der Gestalt der Batseba hat Rembrandt eines seiner eindrücklichsten Werke geschaffen. Wie er die Tragik des Geschehens in Batsebas Körperhaltung, im Ausdruck ihres Gesichtes wie in der ganzen Atmosphäre des Bildes zusammenfasst, ist einmalig. Ich denke, das ist wohl nur vor dem biblisch-theologischen, dem historischen und biografischen Hintergrund ganz zu verstehen und zu würdigen. Wie tief der Maler in die Seele dieser Frau zu blicken vermag und wie sehr ihn ihr Schicksal berührt, teilt sich den Betrachtenden unvermittelt mit. Wie im Susanna-Gemälde ist es nicht der äussere Anblick, der fesselt, sondern die Darstellung dessen, was in der Seele dieser Frau geschieht. Das Schicksalhafte, Unausweichliche und Tragische der Situation bestimmt die Ausstrahlung des Bildes.

Bezeichnend ist auch, welchen Augenblick der Maler wählt: nicht denjenigen, in dem der König von der Schönheit der nackten Frau überwältigt wird, sondern den Moment, in welchem Batseba Davids Brief, die Aufforderung zum Ehebruch also, gelesen hat. Schlaff hängt er in ihrer rechten Hand.

Das Bild strahlt in Aufbau und Farbtönen zwar Ruhe und Stille aus, aber es ist die unheimliche Stille vor dem Sturm. In Batsebas Gesichtsausdruck liegt tiefe Traurigkeit und Resignation: Sie wird ihrem Schicksal und damit auch ihrer eigenen Schuld nicht entrinnen können. Sie wird das Opfer des begehrlichen Königs werden. Die dunkelroten Farbtöne im Bild, die Perlen im Haar, das rote Band, die Haube der Dienerin und der kleine rote Fleck in der Ecke des Briefes wecken die Assoziation von Blut, das vergossen werden wird. Unwillkürlich erinnern sie auch an die Parabel vom Lamm des armen Mannes, welches für das Mahl des Gastes des Reichen geopfert wird. Besonders der rote Fleck in der Ecke des Briefes, der auf dem Original sehr deutlich zu sehen ist – möglicherweise ist es das Siegel des Königs –, lässt die Bluttat an Batsebas Ehemann vorausahnen.

Wenn wir daran denken, dass Rembrandt in dieser Zeit auch am Radierungszyklus von Christi Passion gearbeitet hat, rückt der Opfergedanke noch näher: Das Lamm wird zur Schlachtbank geführt (vgl. auch Jes 53 und Joh 1). Und es ist wohl nicht von ungefähr, dass neben dem Batseba-Gemälde im Louvre die unheimliche Darstellung vom geschlachteten Ochsen hängt, welche Rembrandt wohl kurz nach dem Batseba-Bild gemalt hat (vgl. Abb. 51). So hat, vom Umfeld her betrachtet, der Maler sich in diesen Jahren intensiv mit dem Thema der Gewalt und mit deren Opfer auseinander gesetzt. Ein Thema, das tragischerweise zu unserer gesellschaftlichen Existenz zu gehören scheint und bis in unsere Zeit hinein erschreckend aktuell geblieben ist.

Wenn Rembrandts Darstellungen, wie im Susanna-Gemälde, häufig den Dialog beinhalten, so erschreckt das Batseba-Bild gerade durch seine Kommunikationslosigkeit. Batsebas resignierter Gesichtsausdruck, ihr in sich zusammensinkender Leib und die erschlafften Hände zeugen von ihrer Einsamkeit. Paradoxerweise wird dies gerade durch die zweite Person auf dem Bild noch unterstrichen: Mit verschlossenem Gesicht konzentriert sich die Dienerin in ihrer abschirmenden helmartigen Kopfbedeckung auf die Fusspflege. Batseba ihrerseits lässt die Prozedur wortlos an sich geschehen und blickt ins Leere. Durch diesen lächerlichen Dienst der Körperpflege wird das Kommende noch stärker kontrastiert und die Isolation und das Ausgeliefertsein der Frau betont. Ob dies der Maler bewusst oder intuitiv erfasst hat, ist nicht klar, fest steht, dass auch der Raum dasselbe Empfinden vermittelt. Zwar wird eine intime Szene dargestellt, doch gewährt der umgebende Raum keine Geborgenheit, sondern verstärkt im Gegenteil den Eindruck des Unsicheren, Heimatlosen. Und das Licht, welches sonst im Dienste der Klarheit und Begrenzung steht, ist hier eher ein Irrlicht, welches besonders auf der goldbraunen Decke im Hintergrund unstet flackert. Somit steht alles Dargestellte und nicht Dargestellte im Bild in einer unheimlich zwielichtigen Atmosphäre und Spannung.

Wenn wir Rembrandts Gemälde mit Calvins Ausführungen zum Thema vergleichen, verblüfft die Übereinstimmung. Calvins Gedanken sind bei Rembrandt gleichsam Bild geworden. Das Theologumenon, dass Angst, Bedrohung und Schuld die Menschen einander entfremden, sie isolieren und unfähig zum Dialog machen, findet in der Darstellung des Künstlers wahrhaft «beredten» Ausdruck.

Zum Schluss, das Gemälde nochmals überblickend, können wir nur staunen, wie Rembrandt das dramatische Geschehen, welches in der Bibel in zwei Kapiteln erzählt wird und das in der Menschheitsgeschichte und in der Geschichte der Theologie ungeheure Wirkung gehabt hat, in einen einzigen Augenblick verdichtet. Was auf den ersten Blick als ein Frauenakt, als eine naturgetreue Darstellung erscheint, erweist sich bei intensiverem Betrachten als ein Geschehen von grosser emotionaler und spiritueller Tiefe. Es ist das Seelengemälde einer Frau, welches an unser Mitgefühl, unsere Betroffenheit und unser Nachdenken appelliert, uns also gerade durch seine Verlorenheit und Kommunikationslosigkeit in einen existenziellen Dialog hineinnimmt.

Asenat gehört ins Bild:

Rembrandts Gemälde «Der Segen Jakobs»[1]

Dieses Bild spricht in einer wundervoll sanften Farbharmonie davon, wie Jakob im fremden Land Ägypten die Söhne Josefs segnet. Die Vorhänge sind zurückgeschlagen und lassen die Betrachtenden teilhaben an dem intensiven, stillen Geschehen. Eine rote, samtweiche Bettdecke im Vordergrund, warme Erdtöne im Hintergrund und die zur Seite geschwungenen Vorhänge umrahmen die lichte Menschengruppe.

Wie Rembrandt im Jahre seines totalen finanziellen Zusammenbruchs diese Oase des Friedens schaffen konnte, bleibt sein Geheimnis. Es ist, als ob er mitteilen wollte: Seht, nicht Reichtum, Besitz und Ehre sind es, die zählen, sondern auf den Segen, auf das Gesegnetsein, auf den inneren Frieden kommt es an!

Und gleich eine zweite Botschaft ist in diesem Gemälde unübersehbar: Die Frau Josefs, die Mutter der beiden Knaben, gehört dazu, auch wenn sie im

---

[1] Der Text wurde, in etwas anderer Form, bereits abgedruckt in: Momente der Begegnung. Impulse für das christlich-jüdische Gespräch. Bertold Klappert zum 65. Geburtstag. Hrsg. v. Michael Haarmann, Johannes von Lüpke u. Antje Menn, Neukirchener, 2004. 73–79.

Bibeltext ausgeblendet ist. Ohne sie gäbe es diese Ausgewogenheit, diesen Klang der Harmonie im Bild nicht. Rembrandt korrigiert damit den Text von Genesis 48, wo von Asenat, der Mutter der beiden Söhne, nicht die Rede ist. Damit wahrt der Maler nicht nur den menschlichen Kontext, sondern löst zugleich das Thema des Segens aus den engen patriarchalen Fesseln heraus und gibt ihm die ursprüngliche, abrahamitische Weite zurück.

Wenn Rembrandt hier den Akt des Segnens malt, dann greift er ein theologisches Hauptthema des Alten und Neuen Testaments auf und darüber hinaus ein Element, das in keinem jüdischen und christlichen Gottesdienst fehlen wird. Und wie befreiend wäre es doch, wenn auch wir heute, wie Jakob, segnend von dieser Welt Abschied nehmen könnten.

Um jedoch Rembrandts Darstellung richtig zu verstehen, ist es unumgänglich, einen Blick auf die biblisch theologischen Aussagen zum Thema zu werfen.

Segnen und *Gesegnetsein*

Der Segen ist ein Hauptthema in den so genannten «Vätergeschichten» des Alten Testaments, wo die Verheissungen Gottes für das noch nicht existierende Volk Israel ihren Ort haben. Urheber und Spender des Segens ist immer Gott, der Herr. Das Segnen ist laut der später entstandenen «Priesterschrift» das Erste, was der Schöpfer an den neu erschaffenen Geschöpfen tut (Gen 1,22;28). In den Vätergeschichten wird aber besonders deutlich, dass und wie der Mensch mitbeteiligt ist: Er hat selber eine Segenskraft, welche er, ganz besonders bei seinem Sterben, auf andere, auf seine Nachkommen, übertragen kann. Der Segen ist dabei nicht nur ein spirituelles, sondern ein wirkliches Geschehen, das durch Riten, Gesten, Berührungen zum Ausdruck kommt. In späterer Zeit wird sich daraus eine festgefügte kultische Form entwickeln, zum Beispiel die alte priesterliche Segensformel des Aaron, unter die wir uns auch heute noch gerne stellen: «*Der Herr segne dich und behüte dich. / Der Herr lasse sein Angesicht leuchten über dir und sei dir gnädig. / Der Herr erhebe sein Angesicht auf dich und gebe dir Frieden.*» (Num 6,24–26).

Inhalt des Segens ist in den Vätergeschichten immer die Zusage von Nachkommenschaft, im Jakobssegen besonders plastisch ausgedrückt: «... *dass sie zahlreich werden mitten im Land.*» (Gen 48,16). Damit verbunden ist das Fortleben des Namens der Väter, die Tradition also, und die Verheissung des Landes, was auch die Zusage des ganz persönlichen Besitzes (Erbberechtigung) beinhaltet. Der Segen ist nicht nur in der Tradition der Väter (Abraham, Isaak, Jakob) verankert, sondern auch auf Zukunft hin offen und wird in einer festen

Segensformel an die nächste Generation weitergegeben: *«Gott mache dich wie Efraim und Manasse!»* (Gen 48,20).

Es ist eindrücklich und berührend, wie in den alten Stammessagen dieser Verheissungssegen, beginnend mit Abraham, der als «Land» ja nur die Grabeshöhle für seine Frau Sara besitzt, trotz aller Rückschläge, Gefährdungen und Verzögerungen (zum Beispiel durch Saras Kinderlosigkeit oder durch die Manipulationen der Menschen), das tragende, zukunftsorientierte Element der Geschichte ist.

Obwohl Gottes Segen immer wieder durch das menschliche Verhalten durchkreuzt und gefährdet wird, bleibt er die lebendige Kraft durch die ganze Bibel hindurch, bis er in Jesus von Nazaret zu seiner schönsten Erfüllung kommt, in ihm gleichsam «Person» wird durch sein Leben, Sterben und Auferstehen. Dass es auch der Maler Rembrandt so empfindet, dafür spricht sein Radierungszyklus zur Passion Jesu, der zur selben Zeit wie der Segen Jakobs, 1656, entstanden ist.

Zur Geschichte *des Jakobssegens*

Dass Rembrandt für sein Segensgemälde gerade Jakob auswählt, ist wohl kein Zufall, denn Rembrandt hat ein ganz besonderes Gespür für die Fragilität und den Facettenreichtum der menschlichen Gottesbeziehung entwickelt. Die Gestalt Jakobs bietet sich dem Künstler geradezu an, ist sie doch die problematischste Figur der «Väter». Jakobs Verhalten seinem eigenen Vater Isaak und seinem Bruder Esau gegenüber ist von Hinterlist und Betrug geprägt. So prellt er seinen Bruder um den «Erstgeburtssegen», muss dann fliehen und kann erst nach langen Jahren der Mühsal – und der Läuterung! – in seine Heimat zurückkehren, die er im Alter wegen einer Hungersnot nochmals verlassen und schliesslich im fremden Land Ägypten sterben muss. Das Erstaunliche an seiner Geschichte ist aber, dass er trotz seiner menschlichen Schwächen und Verfehlungen von Gottes Segen gehalten und getragen und zum Beispiel dafür wird, dass Gott in seiner souveränen Freiheit und Güte den Segen auch den Unwürdigen gewährt, ja dass er gerade durch diese die Geschichte zum Heil der Menschen weitertreiben kann. In Jakob begegnen wir dem Menschen, der trotz allem von Gott gesegnet und geliebt wird. Der von den Reformatoren neu entdeckte, allein durch Gottes freie Gnade erwählte Mensch, das ist schon Jakob!

Eines der eindrücklichsten und schönsten Kapitel des Alten Testaments ist denn auch die Erzählung vom Traum der Himmelsleiter, in dem Gott den Ab-

rahamsegen für den flüchtenden Jakob erneuert (Gen 28). Die ganze Jakobs-
geschichte lässt sich als «Segensgeschichte» lesen. Nachdem Jakob viele Jahre
im Exil zugebracht hat und endlich mit seinen beiden Frauen Lea und Rahel
in die Heimat zurückkehrt, kämpft er am Fluss Jabbok nochmals um diesen
Segen bis zum Morgengrauen: «Ich lasse dich nicht, es sei denn, du segnest
mich.» (Gen 32,27). Auch diese Szene wird Rembrandt einige Jahre später in
einem eindrücklichen Gemälde festhalten (Jakobs Kampf mit dem Engel, 1659).

Und nun weilt Jakob also bei dem wiedergefundenen Sohn Josef in Ägypten
und segnet vor seinem Sterben dessen Söhne Efraim und Manasse. Diese Segenshandlung, nun von Jakob selbst vollzogen, ist in Genesis 48 aufs Genaus-
te erzählt, wobei die Lesbarkeit dadurch erschwert wird, dass in diesem Kapitel drei Quellen ineinander verwoben und von Jakobs Segenshandlung zweimal
auf differierende Weise berichtet wird.

Jakobs Segensgeschichte führt also vom erlisteten Segen über die gnaden-
volle Zusage des Abrahamsegens auf der Flucht bis zum erneuten Kampf um
das Gesegnetwerden am Jabbok und schliesslich bis zur Segensweitergabe am
Ende seines Lebens.

Der Text von Genesis 48 enthält bei genauem Hinsehen nach zwei Seiten
hin interessante theologische Aussagen. Im Blick auf Geschichte und Zukunft
der «Väter» erscheint zum ersten Mal die Bezeichnung «Israel» für das zukünftige Volk (Gen 48,20). Für «Gott, den Herrn,» werden von Jakob zwei
aus dem menschlichen Alltag geläufige Bilder gebraucht: Gott als «Hirte» und
als «erlösender Engel» (Gen 48,15–16). Damit legt Jakob in seinem Segen den
Grundstein für die spätere deuterojesajanische und neutestamentliche Vorstellung von Gott als dem «Löser», der gleich dem im Familienrecht verbürg-
ten «Löser» den Menschen als seinen nächsten Verwandten aus der Schuld-
knechtschaft «löst», also freikauft.

Ein Gemälde *gegen den Text?*

Vergleichen wir den Text von Genesis 48 mit Rembrandts Gemälde, so stellen wir frappante Abweichungen fest. Vom Konflikt zwischen Josef und
seinem Vater ist in Rembrandts Darstellung nichts wahrzunehmen. Laut dem
Bibeltext führt Josef an seiner linken Hand den erstgeborenen Manasse vor
die Rechte seines fast erblindeten Vaters, damit der ältere Sohn den «Erstse-
gen» erhalte. An seiner rechten hält er den jüngeren Efraim, sodass dieser vor
die linke Hand Jakobs zu stehen kommt. Jakob legt nun aber, indem er seine
Arme überkreuzt, seine Rechte auf das Haupt des jüngeren Efraim, die Linke

auf Manasse. Da greift Josef ein, fasst seines Vaters Hand, um sie vom Haupte Efraims auf Manasses Haupt zu legen und protestiert: *«Nicht so, mein Vater; dieser ist der Erstgeborene, leg deine Rechte auf seinen Kopf.»* (Gen 48,18). Der fast erblindete Jakob jedoch weigert sich und spricht: *«Ich weiss, mein Sohn, ich weiss. Auch dieser wird zu einem Volk werden, und auch er wird gross sein. Aber sein jüngerer Bruder wird grösser sein als er, und seine Nachkommen werden zu einer Menge von Völkern werden.»* (Gen 48,19).

In der Auslegung dieses erstaunlichen Textes hat sowohl die alte wie die mittelalterliche Kirche nicht nur das freie Gnadenwirken Gottes gesehen, sondern man deutete die Szene symbolisch auf den Unterschied der jüdischen zur christlichen Kirche hin: Die christliche Kirche wird vor der Synagoge den «Erstgeburtssegen» empfangen und Weltbedeutung erlangen, *«zu einer Menge von Völkern werden»*. Dass darin versteckt bereits ein antijüdisches Element liegt, vermag man wohl erst heute zu sehen.

In der ikonografischen Tradition wurde diese Auslegung übernommen und der Protest Josefs und das Kreuzen der Arme Jakobs entsprechend deutlich gemacht. Nicht so bei Rembrandt. Es ist bezeichnend, dass der mit jüdischen Menschen eng verbundene Maler gerade nicht diese Tradition übernimmt. Zwar ist auch bei ihm deutlich, dass Jakobs Rechte auf Efraim ruht, Josef hingegen stimmt in Ausdruck und Gebärde der Handlung seines Vaters zu und stützt sogar dessen zittrige Hand. Rembrandt wählt für seine Darstellung also nicht den traditionellen, sondern einen späteren Moment und gibt so dem Ganzen eine andere Ausrichtung, nämlich der Übereinstimmung, der Harmonie, der Ergriffenheit, ja der Heiligung.

Bei Rembrandt wird deutlich, dass der Akt des Segnens nicht etwas Alltägliches ist; er steht über den menschlichen Einwänden und Auseinandersetzungen; der Segen ist göttlichen Ursprungs und hat göttliche Kraft! In Rembrandts Darstellung wird Segen somit in seiner tiefsten Bedeutung sichtbar und die letzte Handlung des sterbenden Patriarchen erhält in seinem Gemälde ihr volles Gewicht.

Auch fehlt bei Rembrandt das Motiv des Kreuzes nicht. Deutlich erscheint es in den gekreuzten Händen dessen, der den Hauptsegen erhält und, in Parallele dazu, in den nach unten überkreuzten Händen der Mutter Asenat. Selbst in der segnenden Hand Jakobs und in der stützenden Josefs ist das Kreuz angedeutet. Das Symbol des Kreuzes erhält damit eine tiefere, spirituellere und verheissungsvollere Bedeutung als in den mittelalterlichen Darstellungen. Der Segen wird hier im Zeichen des Kreuzes empfangen. Es sei hier nochmals daran erinnert, wie intensiv sich Rembrandt zur selben Zeit grafisch mit dem Kreuz Christi beschäftigte (vgl. in seinem Werk die verschiedenen Zustände der Radierung «Die drei Kreuze»).

Unübertrefflich «textgetreu» hingegen gelingt dem Maler die Darstellung des segnenden Greises, wie er einerseits dessen Würde und die Heiligkeit seiner letzten Handlung hervorhebt und andererseits, nicht zuletzt durch die sanft stützende Hand Josefs, dessen Schwäche und Gebrechlichkeit betont. Gerade dadurch wird für den Betrachter und die Betrachterin der innere Gehalt der Segenshandlung zum Erlebnis. Es ist sichtbar, dass der Segnende nicht durch das äussere Sehen geleitet wird, sondern durch innere Erleuchtung.

Diese Entdeckung wird Rembrandt in seinem allerletzten Gemälde nochmals meisterhaft aufleuchten lassen: im alten Simeon mit dem Christuskind auf den Armen, wo alles nur noch inneres Sehen und Erkennen sein wird (vgl. Abb. 57, Seite 182).

Rembrandt, der erste *feministische Maler der Moderne?*
Nun muss aber von der eigentlichen Abweichung vom Text die Rede sein. Es ist äusserst interessant, wie Rembrandt den Bibeltext korrigiert und damit aus patriarchaler Enge befreit.

Segnen, diese heilige Handlung, findet bei Rembrandt nicht ohne die Frau, nicht ohne die ägyptische Mutter der beiden Enkel Jakobs statt. Rembrandt erinnert sich nämlich an eine frühere Mitteilung, nach welcher der Pharao Asenat, die Tochter des Priesters Potiferas, Josef zur Frau gibt (Gen 41,42–45). Ich denke, es zeugt für Rembrandts Sensibilität und für seine ganzheitliche Bibelkenntnis, dass diejenige, deren Leib mit diesen Kindern «gesegnet» worden ist, bei dieser einmaligen heiligen Handlung dazugehört. In ihrer würdevollen und gleichzeitig demütigen und aufmerksamen Haltung bildet sie auch in der Bildkomposition ein harmonisches, notwendiges Gegenüber zur Männergruppe.

Noch in einem weiteren Sinn überschreitet Rembrandt in seiner Darstellung von Asenat die Grenzen. In der Rückbesinnung auf den Inhalt des ursprünglichen Segens für Abraham und Sara erstaunt der grosse geschichtliche Horizont, wenn zu Abraham gesagt wird: «*Mit deinen Nachkommen werden sich Segen wünschen alle Völker der Erde.*» (Gen 22,18). Es ist nicht nachzuweisen, dass Rembrandt bewusst auch daran gedacht hat, aber indem er die Frau aus dem fremden Volk, welches später sogar zum Feind Israels wird, als «Urmutter» in die Segenshandlung einbezieht, verleiht er dem Ganzen eine

Grosszügigkeit und nimmt gleichzeitig die alte abrahamitische, völkerübergreifende Verheissung wieder auf. Und wenn Rembrandt für manchen Kunstgeschichtler als erster Maler der Moderne gilt, so wird er hier diesem Ruf auch auf theologisch-feministischer Ebene gerecht, und sein Gemälde bewahrt für uns eine starke Anziehungs- und Aussagekraft.

Der Einbezug von Asenat in Rembrandts Segensgemälde verkörpert so nicht nur das Überschreiten der engen patriarchalen Grenzen, sondern steht auch für die Öffnung zur Welt. Die Öffnung des Vorhangs bekommt damit eine doppelte Bedeutung: sowohl Einblick in eine geheimnisvoll intime Oase des Friedens wie auch Ausblick auf eine gerechte, befriedete Welt; ein Bild, im wahrsten Sinne des Wortes «auf Hoffnung hin» gemalt, wo der Segen seine Intensität, seine Heiligkeit und die grenzüberschreitende Kraft erhält.

Delila: *bezaubernde Verführerin*

Wenn wir Rembrandts biblische Frauenbildnisse überblicken, beginnen wir uns unweigerlich zu fragen: Gibt es ausschliesslich vorbildliche Frauen? Auch in der Heiligen Schrift überwiegen die positiven Frauengestalten, und nur ganz am Rande erscheinen negative Wertungen, so etwa im Charakter der Urmutter Sara, welche als eine sehr dominante, herrschsüchtige und berechnende Frau auftritt. Zuerst benutzt sie ihre junge Magd Hagar, um sich auf ihren Schoss ein Kind von Abraham zu verschaffen. Wie sie dann aber selber unerwartet schwanger wird und Isaak zur Welt bringt, verstösst sie Hagar mitleidlos samt dem Kind (vgl. Gen 16; 21).

Rembrandt fühlte sich offenbar von der Figur dieser Urmutter wenig angezogen, mehr schon von der verstossenen Magd Hagar, deren Geschick er in verschiedenen Zeichnungen festhielt.

Dann ist da Rebekka, die Frau des Isaak. Sie ist nicht wenig beteiligt am Betrug ihres Sohnes Jakob, der sich vom blinden Vater den Erstgeburtssegen erschleicht und auf diese Weise seinen Bruder Esau übervorteilt (vgl. Gen 27).

Auch Rebekka animiert Rembrandt wenig zu einer Darstellung. Das wird sich allerdings am Ende seines Wirkens ändern. Der alternde Maler wird gerade sie und Isaak als Beispiel für das Thema der Liebe wählen.

Mehr schon faszinieren den jungen Künstler die ausländischen Frauen Delila und Frau Potifar, die beide eine eindeutig negative Rolle im Leben zweier israelitischer Helden spielen. Allerdings liegt hier das Interesse des Malers mehr beim Schicksal und der Geschichte dieser Männer als bei den mit ihnen verbundenen Frauenfiguren.

Delila, einer Frau aus dem feindlichen Volk der Philister, gelingt es in einer Liebesstunde, dem durch seine wunderbare Körperkraft berühmten Richter und Volksführer Simson das Geheimnis seiner Kraft zu entlocken, worauf sie ihn an seine Feinde verrät. Der junge Historienmaler Rembrandt befasst sich mit dieser Geschichte in vier höchst dramatischen, zwischen 1628 und 1638 entstandenen Gemälden:

1628: Delila verrät Simson und lässt sein Haupthaar, in welchem das Geheimnis seiner Kraft liegt, scheren (vgl. Ri 16).

1635: Simson (Rembrandts Selbstporträt!) bedroht seinen Schwiegervater (vgl. Ri 15).

1636: Simson wird von den Philistern geblendet, während Delila mit seinem abgeschnittenen Haar enteilt (vgl. Ri 16).

1638: Simson gibt an seiner Hochzeit den Philistern ein Rätsel auf (vgl. Ri 14).

Die Blendung *Simsons*

Dieses Gemälde ist eines der sprechendsten Beispiele für die dramatische und expressive Malweise Rembrandts in seiner ersten Schaffensperiode. Die wild bewegte Szene bildet gleichsam einen Höhepunkt seiner Historienmalerei.

Die schauerliche Szene spielt sich in einer Art Höhle ab. Für Simson gibt es kein Entrinnen. Die leichte Bekleidung Delilas und des israelitischen Helden weisen darauf hin, dass dem Gewaltakt unmittelbar der Liebesakt vorausgegangen ist. Delila, die verräterische Geliebte, verlässt mit leichtem Schwung ihren nun von den Soldaten überwältigten Liebhaber. In ihrer rechten Hand, geschmückt mit einem Perlenarmband, trägt sie die Schere – sonst Zierde der häuslichen Frau, hier Symbol des Verrats –, während sie in der linken hoch erhoben den Haarschopf Simsons wie eine Trophäe im Winde flattern lässt. Ihre erfolgreichen Verführungskünste lässt der Maler durch die lichte Bekleidung erahnen, den zartblauen, von feinen Goldfäden durchwirkten Rock, der weissen, am Handgelenk ebenfalls goldverzierten Bluse und dem feinen, im Winde bewegten goldbraunen Seidenschal. Während die Bewegung der Soldaten in ihrem Gewaltakt wie erstarrt wirkt und der ins Auge gestossene Dolch endlos zuzustechen, das Blut unaufhörlich zu spritzen scheint, eilt Delila leichtfüssig zum Ausgang ins Freie. Jedoch blickt sie mit erstarrtem Gesicht und schreckgeweiteten Augen nochmals zurück. Die Perle an ihrem Ohr leuchtet auf – ein Geschenk des Geliebten? Rembrandt versteht es, die Gewalttätigkeit der Szene durch die lichte Gestalt Delilas, die Simson ja nicht mehr wahrnehmen kann, zu verstärken und dadurch gleichzeitig die Bösartigkeit und Perversität des Verrats hervorzuheben. Die Geliebte hat in einer intimen Stunde ihren Liebhaber ausgeliefert und dadurch gleichsam entmannt. Die Haltung des überwundenen, gefesselten Helden mit dem erhobenen verkrampften Bein und die in seine Mitte zielende Lanze des dunklen, rotgewandeten Kriegers im Gegenlicht deuten darauf hin. Noch macht der Maler die grosse Kraft des Helden sichtbar in seinem sich aufbäumenden Körper einerseits und der brutal angewandten Gewalt der gepanzerten und behelmten Soldaten andererseits. Aber im nächsten Augenblick wird der Geblendete bezwungen ins Dunkel des ihn umgebenden Raumes sinken.

«Liebe macht blind!» In dieser Darstellung ist bereits etwas spürbar von der verwirrenden und dunklen, zuweilen tödlichen Seite menschlicher Sexualität, einem Thema, das den Maler zeitlebens nicht loslassen wird.

Dass Rembrandt selbst dieses Gemälde für ein gelungenes Werk hielt, zeigt die Tatsache, dass er es dem Sekretär von Prinz Frederik Hendrick, Constantijn Huygens, welcher seine emotionale Malerei, besonders im Gemälde mit der Gestalt des reuigen Judas, so sehr gerühmt hatte, zum Geschenk machte. Wie der feinsinnige Gelehrte das Bild aufgenommen hat, ist nicht überliefert. Jedenfalls ist es uns als ein wichtiges Dokument von Rembrandts Schaffen erhalten geblieben.

Frau Potifar:
Rache einer Verschmähten

Auch in der Geschichte mit der Frau des Obersten der pharaonischen Leib-
wache geht es mehr um das Geschick des hebräischen Sklaven Josef als um die
Frau. Josef, der von seinen Brüdern als Sklave nach Ägypten verkauft worden
ist, geniesst im Hause Potifars eine Vertrauensstellung. Die Frau des Obersten
entbrennt in Begierde zu dem jungen Josef und bedrängt ihn, sodass er sich ihr
nur entziehen kann, indem er aus seinem Kleid schlüpft und enteilt. Die ver-
schmähte Frau rächt sich, indem sie Josef bei ihrem Ehemann verklagt und als
Beweis sein zurückgelassenes Kleid vorlegt, worauf Josef ins Gefängnis geworfen wird (vgl. Gen 39).

Die Radierung Rembrandts von 1634 lässt an Deutlichkeit nichts zu wünschen
übrig. Perversität und Geilheit dieser Frau liegen buchstäblich offen zutage: Ihr
mächtiger Unterleib ist entblösst und mit festem Griff packt sie den widerstre-
benden jungen Mann am Kleid und versucht ihn auf ihr Lager zu ziehen.

Dass Rembrandt das Thema sexueller Nötigung seitens der Frau 1654,
zwanzig Jahre später, nochmals aufnimmt, könnte ein Hinweis auf die ver-
fahrene Beziehung zu seiner Haushälterin sein, welche in diesem Jahr das Frauengefängnis von Gouda verlassen konnte. Wurde der verwitwete Maler von

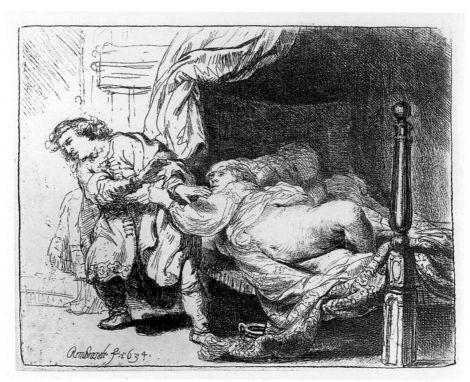

Abb. 17: Josef und Potifars Weib, 1634.

der ihm unentbehrlichen Haushälterin, die ihm insbesondere bei der Pflege und Erziehung des kleinen Titus half, zu sexuellen Kontakten genötigt?

Josef wird von *Potifars Frau verklagt*

Das Gemälde von 1655 zeigt die Szene, in der die verführerische, attraktive Frau, auf dem Bett sitzend, ihren Ehemann über die ehebrecherischen Absichten Josefs informiert. Der junge Mann steht im Hintergrund, hebt Gesicht und Hände hilfesuchend zum Himmel und scheint zu wissen, dass er als unbedeutender Sklave gegen diese Frau keine Chance hat. Das Bild von Frau Potifar wirkt wie ein Gegenbild zu dem ein Jahr früher entstandenen Gemälde von Batseba.

In Batsebas Gesicht und Haltung kommen Trauer und Verzweiflung über das sich anbahnende Unrecht zum Ausdruck. Frau Potifar hingegen bringt den Unschuldigen mit frecher Miene zu Fall. Aber gerade sie wird zum Beispiel dafür, dass Gottes Macht hoch über den Intrigen und Machenschaften der Menschen steht. Die Josefgeschichte als Ganzes zielt auf die Erkenntnis, dass

Jahwe auch aus Bösem Gutes werden lassen kann. Dies zeigt sich vor allem auch im Verkauf Josefs durch seine Brüder, dank dem das Volk Israel letztendlich die Hungersnot überstand. Josef selbst fasst diese Erkenntnis am Schluss der Geschichte in seiner Rede an die Brüder zusammen: «*Ihr zwar habt Böses gegen mich geplant, Gott aber hat es zum Guten gewendet, um zu tun, was jetzt zutage liegt: am Leben zu erhalten ein Volk so gross an Zahl.*» (Gen 50,20).

Es ist faszinierend, wie Rembrandt vor diesem Hintergrund das Verwirrspiel von Frau Potifar in ihrer Gebärden- und Körpersprache zur Geltung bringt. Sie sitzt locker auf der Bettkante. Durch das Überschlagen der Beine und das leichte Wippen des rechten Fusses erscheint sie sehr kokett. Gleichzeitig legt sie, ihre Unschuld beteuernd, die Hand auf den halb entblössten Busen. Mit der andern Hand weist sie rückwärts auf Josef und klagt diesen aufs Schärfste an, während sie fest den linken Fuss auf das Beweisstück, den am Boden liegenden Mantel, setzt. Der Maler unterstreicht das intrigante Spiel der Frau durch gezielt gesetzte Lichtreflexe. Die Härte dieses flirrenden Lichtes fällt umso mehr auf, wenn wir das Bild etwa mit dem wenig später entstandenen Gemälde vom Segen Jakobs vergleichen (vgl. Abb. 14 Seite 44), wo Farben und Licht in grosser Harmonie und Weichheit zusammenspielen. Somit ist auch dieses eher weniger beachtete Bild von der Umsetzung und Gestaltung des Themas her besehen ein Meisterwerk ohnegleichen.

Ester: *Retterin ihres Volkes*

Rembrandts alttestamentliche Frauenporträts drücken seine Faszination für die prophetischen, geschichts- und schicksalswirksamen Frauenpersönlichkeiten aus. Ihre Geschichten «erzählt» er, als ob sie vor seinen und unsern Augen geschehen würden. Auf wunderbare Weise bringt er in diesen Gemälden zwei Sparten der Malerei auf einen Nenner: die Porträtkunst und die Historienmalerei. Gesichter erzählen Geschichten und stellen so ganze Seelenlandschaften dar. Man könnte Rembrandt zu Recht auch als ersten ‹Maler des Seelischen› bezeichnen. Einen Höhepunkt dieser Art der Darstellung, welche bereits im Susanna-Gemälde (1647) festzustellen ist und sich dann im Batseba-Bild (1654) weiter entfaltete, erreicht der Maler zweifellos im 1660 entstandenen Gemälde «Festmahl der Ester».

Ähnlich wie im Batseba-Gemälde verdichtet er hier eine höchst dramatische Geschichte auf einen entscheidenden Augenblick: Wird der König seinem Günstling Haman Vollmacht zur Ausrottung der Juden erteilen, oder wird er der Fürsprache seiner Gemahlin Ester, von der er eben erfährt, dass auch sie aus dem jüdischen Volke stammt, Gehör schenken? Das Bild vereinigt gleichzeitig gesammelte Stille und höchste Spannung.

Die Dreiergruppe auf dem kleinen Gemälde (73 x 94 cm) wirkt entrückt, und besonders die Gestalt Esters ist von einem wunderbaren Licht durchdrungen. Dadurch wird den Betrachtenden viel Raum und Distanz gewährt. Dies entspricht vollkommen dem Erzählstil der Geschichte: Nichts soll überstürzt werden, wenn es um das Schicksal eines ganzen Volkes geht. Das Gemälde strahlt jene besondere Spiritualität aus, die Rembrandts spätere Werke kennzeichnet.

Das Buch *Ester*

Das Ester-Buch ist eine äusserst dramatische, beinahe säkulare Erzählung, welche nicht ohne Widerstand in den Kanon aufgenommen worden ist. Gott wird in der ganzen Erzählung nie namentlich genannt.

Um Rembrandts Gemälde zu deuten, ist es unumgänglich, die Geschichte zu kennen. Es handelt sich um einen Bericht aus dem Diasporajudentum zur Zeit der persischen Herrschaft (5. Jahrhundert v. Chr.). Das Buch Ester bildet die Grundlage für das Purimfest, welches Israel jährlich aus Dankbarkeit für seine Errettung durch Königin Ester feiert. Denn um den Tag der geplanten Ausrottung des jüdischen Volkes im persischen Reich zu bestimmen, wurde vor Haman das Los, das «Pur» geworfen (vgl. Est 3,7 und 9,20ff).

Ester wird vom persischen Herrscher Achaschwerosch zur Hauptfrau und Königin erwählt, ohne dass er weiss, dass sie aus dem jüdischen Volke stammt. Mardochai, der jüdische Pflegevater von Ester, bekleidet am Hof ein hohes Amt und verhindert ein Attentat auf den König. Günstling des Königs ist aber Haman, der aus Rache, weil Mardochai ihm göttliche Ehre (Kniefall) verweigert, diesen samt seinem ganzen Volk vernichten will und mit folgender Begründung dies auch beim König erwirkt: «*Es gibt da ein Volk, das ist zerstreut und abgesondert von den Völkern in allen Provinzen deines Königreichs. Und ihre Gesetze unterscheiden sich von denen jedes anderen Volks, die Gesetze des Königs aber befolgen sie nicht, und es ist unter der Würde des Königs, sie gewähren zu lassen!*» (Est 3,8).

Mardochai enthüllt Ester den grausamen Mordbefehl und bittet sie um ihre Fürsprache beim König. «*Und wer weiss, ob du nicht gerade für eine Zeit wie diese zur Königswürde gelangt bist?*» (Est 4,14). In Mardochais Worten kommt zum Ausdruck, dass das Volk Israel trotz aller Hemmnisse und dem Leben in der Fremde an seine Erwählung glaubt und auf die Führung und Bewahrung durch seinen Gott vertraut. Jahwe kann sein Volk durch eine einzelne Person retten und bewahren, wie er es schon durch Josef und später durch Mose in Ägypten getan hat. Dieser Einzelne kann, wie die Geschichte der Ester zeigt, durchaus eine Frau sein. Der Erwählungs- und Bewahrungsglaube ist wohl auch der tiefere Grund, dass die Ester-Erzählung trotz des Fehlens einer speziell theologischen Sprache in den Kanon aufgenommen worden ist.

In der Treue zu Mardochai und zu ihrem Volk wagt Ester nun alles. Obwohl es bei Todesstrafe verboten ist, unaufgefordert vor dem König zu erscheinen, tritt Ester im königlichen Gewand vor des Königs Thron. Der König, überwältigt von ihrem Liebreiz, streckt ihr als Zeichen der Gnade sein goldenes Zepter entgegen und fragt sie nach ihrem Begehr. Sogar die Hälfte des Königtums würde er ihr gewähren!

Und nun haben wir Gelegenheit, nicht nur den Mut, sondern auch die Intelligenz und Menschenkenntnis dieser Frau zu bewundern. Nein, sie fällt nicht mit der Tür ins Haus: Überlegt, listig fädelt sie das Ganze ein; mit ihrer Bitte ist ja auch der Schlag gegen des Königs Günstling Haman verbunden. Sie lädt also den König zusammen mit Haman zu einem Festmahl ein. Erfreut erscheint er mit Haman zum Mahl und wiederholt sein Angebot. Aber für Ester ist der richtige Augenblick noch nicht gekommen. Statt ihre Bitte vorzubringen, lädt sie die beiden nochmals für den kommenden Tag ein, was Haman, blind vor Ehr- und Herrschsucht, auch als Gunst für sich selber deutet. Und es spricht wohl für den Charme der Königin, dass die beiden Höchsten im Reiche freudig darauf einsteigen. Die Spannung ist nun am höchsten Punkt angelangt.

Wie raffiniert die Erzählung aufgebaut ist, beweist das Vorspiel zur Entscheidung: Ein nächtlicher Traum erinnert den König an die Rettungstat Mardochais und erweckt in ihm den Wunsch, diesen dafür zu belohnen. Hier spürt man, dass, auch wenn Gott in der Geschichte nicht namentlich erwähnt wird, dennoch hinter allem seine Vorsehung waltet. Die Belohnung für Mardochai soll der Erste, der am nächsten Morgen den königlichen Hof betritt, bestimmen. Ironischerweise ist dies Haman, welcher beim König die Erlaubnis einholen will, Mardochai wegen der mangelnden Ehrbezeugung gegen ihn hängen zu dürfen. Hamans Verblendung geht so weit, dass er meint, der König könne für die Auszeichnung nur ihn selber im Blick haben und erbittet ein königliches Kleid und Pferd. Ebenso soll bei seinem Triumphzug durch die Stadt öffentlich ausgerufen werden: «*Das wird für den Mann getan, dessen Ehrung dem König eine Freude ist!*» (Est 6,9). Zu seinem Entsetzen muss nun Haman dem verhassten Juden Mardochai diese Ehren erweisen. So geschlagen erscheint er beim Gastmahl der Königin. Für diese ist jetzt der entscheidende Augenblick gekommen. Und wir können Rembrandts Gemälde sprechen lassen.

Achaschwerosch und Haman *beim Festmahl der Ester*

Für Ester gilt nun: Alles oder nichts – Leben oder Tod! Sie bringt die Bitte um ihr Leben und das ihres Volkes vor, das Vernichtungsdokument wie ein glühendes Eisen in der Hand haltend. Und auf des Königs Frage nach dem Urheber des geplanten Pogroms, antwortet sie *«Widersacher und Feind ist Haman, dieser Verbrecher! Haman aber wurde vor dem König und der Königin von Schrecken gepackt.»* (Est 7,6).

Diese aufs Äusserste gespannte Situation hält Rembrandt fest. Und nicht nur das: Auch die Atmosphäre der ganzen Erzählung verdichtet sich in seiner Darstellung.

Da ist Ester: sehr klar im Profil, entschlossen, ruhig, schön, reich geschmückt mit Perlen, die wie natürlich auf ihrem Körper erblühen. Ihr ganzes Wesen strahlt, glüht wie von innen heraus. Das ist Rembrandts Sprache; dieses geheimnisvolle Licht hat er «erfunden», besser: selbst erlebt und erlitten, und als Künstler das Mittel gefunden, es auch zu malen. Von diesem Licht lebt das Bild; es strahlt von der Person Esters über auf den König und erlischt vor Haman. Man könnte es, philosophisch besehen, als Streit zwischen Licht und Dunkelheit, als Kampf des Hellen, Guten gegen das Dunkle und Böse deuten. Die innere Bewegtheit der Königin drückt Rembrandt weiter in zwei Details aus: einmal in ihrem leicht erhobenen Arm und im Spiel der Finger, die das Vernichtungsdokument halten. Ferner ist die Bewegung von innen nach aussen auch in der Art, wie sich ihr Mantel zurückschwingt, spürbar. Er nimmt allein ein gutes Viertel des Bildes in Anspruch und erinnert unwillkürlich daran, dass sich hinter Ester, wartend, fastend, betend, ihr ganzes Volk befindet. Vielleicht findet darin auch eine für Rembrandts Zeit aktuelle Situation ihren Niederschlag: der Gedanke an seine jüdischen Freunde und Nachbarn, die aus einer ähnlichen Verfolgungssituation heraus in seiner Stadt Zuflucht gefunden haben. Rembrandt konnte nicht wissen, dass diese Situation im Laufe der neueren Geschichte immer wieder, und noch auf viel schrecklichere Weise, aktuell werden sollte.

In der Gestalt Esters malt Rembrandt uns ein Menschenbild vor Augen, das nicht nur alttestamentliche, sondern ebenso sehr auch schon neutestamentliche Züge trägt, wenn wir uns an Jesu Aufforderung an die ihm Nachfolgenden erinnern: *«Seht, ich sende euch wie Schafe mitten unter die Wölfe; seid also klug wie die Schlangen und ohne Falsch wie die Tauben.»* (Mt 10,16).

Wirkt nicht Esters Mantel wie der zum Schutz ihres Volkes ausgebreitete Flügel eines Engels? Klug und ohne Falsch sitzt dieser Rettungsengel des Volkes mitten unter den Wölfen. Ein Vergleich mit der Gestalt der Susanna drängt sich auf, denn in beiden Erzählungen ist das Grundmotiv die Treue. Während es bei Susanna die eheliche und die Treue zu sich selbst, aber ebenso deutlich die Glaubenstreue ist, so handelt es sich bei Ester um die Treue zu ihrem Volk.

Wird die Taube Ester siegen? Der Maler gibt in seinem Gemälde die Antwort darauf in den Gestalten des Königs und Hamans. Ein Schein des Lichtes (der Erkenntnis!) von Ester her liegt auch auf der Person des Königs. Nachdenklich, wie erstarrt blickt er vor sich hin, sein goldenes Zepter, welches über Tod oder Leben entscheidet, hält er grimmig umklammert. Im nächsten Augenblick wird er aufstehen und zur Tat schreiten. Haman wird fallen. Abgerückt vom Königspaar kniet dieser in einer dunklen Ecke am Tisch. Ein fahler Schein streift ihn. Seine rechte Hand liegt schlaff neben der Trinkschale und sein erloschener Gesichtsausdruck – Haman blickt gleichsam nach innen – besagt, dass er erkannt hat, dass er den bitteren Kelch wird trinken müssen.

Wie sehr sich Rembrandt auch in die seelische Verfassung dieses Hochgekommenen und nun Fallenden zu versetzen vermag, beweist das Dreiviertelporträt, das der Künstler von Haman (wohl nach dem Gastmahl von Ester – es ist nicht datiert) malt (vgl. Abb. 19). Dieses Bild ist nicht von Hass oder Genugtuung über die Bestrafung des Bösen diktiert, sondern im Gegenteil von respektvoller Betroffenheit, was Rembrandt sehr geschickt in den beiden Porträts des Königs und Mardochais darstellt, welche Haman flankieren. Der Fall eines Grossen ist nicht Anlass zu Triumph und Schadenfreude, sondern zur Trauer und zum Nachdenken. Während die beiden flankierenden Personen Betroffenheit ausdrücken, begegnet uns in Haman der Getroffene selbst. Das Bild hat von den Kunstgeschichtlern den Titel «Haman erkennt sein Schicksal» erhalten. Der Maler lässt uns einen Blick in Hamans Herz und in seine seelische Verfassung tun. Schwer drückt ihn der Turban und seine Augen sind gleichsam nach innen gesunken; er weiss, sein Licht ist am Erlöschen. Einsicht und Ergebenheit ins Schicksal sprechen gleicherweise aus seiner Mimik und Haltung. Er zeigt uns, wie ein Mensch noch in Schuld und Untergang seine Würde bewahrt. Und wir erinnern uns, wie der Maler selbst mitten in seinem äusseren Zusammenbruch seine Würde und sein Künstlertum bewahrt hat. Kein anderer wohl hätte deshalb Haman in seiner seelischen Verfassung so präzis darstellen können. Dass Rembrandt schon früh die Kunst der Darstellung seelischer Bewegtheit beherrschte, daran erinnert bereits sein Jugendwerk vom reuigen Judas.

Zum Schluss möchte ich nochmals auf die «Lichtgestalt» von Ester hinweisen. Ausser ihr hat der Künstler wohl nur den Auferstandenen auf diese Weise dargestellt. Wenn wir das Ester-Gemälde mit dem 1651 entstandenen

Abb. 19: Haman erkennt sein Schicksal, um 1667/68.

Bild «Der auferstandene Christus erscheint Maria Magdalena» (Abb. 32, Seite 98) vergleichen, so sehen wir gewisse Parallelen. Wie Christus war auch schon Ester bereit, ihr Leben für ihr Volk in die Waagschale zu werfen und sich gleichsam als Lamm zur Schlachtbank führen zu lassen. Das Theologumenon der Stellvertretung des einen für die andern erklingt im Ester-Gemälde wie ein Präludium für die Erlösungstat Christi – oder umgekehrt hat das Nachdenken über die Gestalt Christi dem Künstler wohl die Augen geöffnet für die Schönheit und Lichtheit dieser alttestamentlichen Frauenfigur. Eine Frau als «Vor-Bild» für das entscheidende Erlösungswerk des Schöpfers: bei Rembrandt nachzulesen in seinem Gemälde «Das Festmahl der Ester».

II. Neutestamentliche
Frauenfiguren

Neutestamentliche
Frauenfiguren

Während uns die alttestamentlichen Frauen in den Bildern Rembrandts markant und lebensnah in ihrer konkreten persönlichen und gesellschaftlichen Situation entgegentreten, verhält es sich mit den neutestamentlichen etwas komplizierter. Sie sind weniger eindeutig gezeichnet und schwerer fassbar. Das mag daran liegen, dass der Maler keine konkreten Personen, wie zum Beispiel bei Hanna oder Batseba, wählt. Ein weiterer Grund könnte sein, dass Rembrandt in der Darstellung der neutestamentlichen Figuren auf eine viel breitere ikonografische Tradition stösst, zumindest gilt das für Maria, die Mutter von Jesus, und für Maria aus Magdala, während er für die alttestamentlichen Figuren kaum Vorbilder vorfindet und sich deshalb in der Darstellung freier bewegen kann. Der Hauptgrund jedoch liegt wohl darin, dass die neutestamentlichen Frauen aus einer ganz anderen spirituellen Situation heraus zu verstehen sind. Was schon in der Gestalt der Ester angeklungen ist, tritt nun in den neutestamentlichen Frauenfiguren deutlich hervor: Es sind Personen, die von einer neuen Geistigkeit zeugen; Frauen, welche von der Begegnung mit dem Gottessohn geprägt sind. Das Irdisch-Sinnfällige verbindet sich in ihnen mit der göttlich transparenten Welt; die neutestamentlichen Frauen sind Grenzgängerinnen zwischen Erde und Himmel, zwischen Materie und Geist. Als Beispiele möchte ich auf Maria, die Mutter Jesu, und auf Maria Magdalena, die erste Zeugin von Ostern, hinweisen. Beide Frauen wurden aus ihrer alltäglichen Situation heraus zu einer besonderen Rolle in der Geschichte Gottes mit den Menschen erwählt: Die eine wird zum Beispiel dafür, wie Gottes Wort und Geist durch sie «Fleisch» wird, die andere dafür, wie umgekehrt in Jesu Auferstehung das «Fleisch» wiederum zu «Geist», zum «Wort der Verkündigung» wird. Diese Doppelung von «Materie und Geist», von Irdisch-Konkretem und Transzendentem bildet den grossen Reiz, aber auch die Schwierigkeit in der Darstellung. Wie Rembrandt dies meistert, werde ich besonders an seinem Kasseler Weihnachtsbild mit dem geöffneten Vorhang darlegen.

Maria, *die Mutter Jesu*

Dass der protestantische Rembrandt erst in seiner zweiten Schaffensperiode in Amsterdam den Weg zu Maria findet, ist nicht verwunderlich, ist doch Maria als Gottesmutter ein ausgesprochen katholisches Thema, welches jedoch in der ikonografischen Tradition reichlich vertreten ist. Zu dieser Tradition gehört auch, dass Lukas, der Patron der Malergilde, zu der auch Rembrandt gehört, nach der Legende als Erster die Madonna gemalt hat (vgl. Abb. 21).

Maria begegnet uns hauptsächlich als «Gottesmutter» (so definiert am Konzil von Ephesus 431) und als gekrönte Himmelskönigin. Sie ist also dem Irdisch-Menschlichen weit enthoben. Ihr werden Funktionen im Leben der Christen zugeschrieben, die Reformierte nur in Christus allein finden können. Die zögerliche Annäherung an Maria ist daher für den von calvinistischer Spiritualität geprägten Maler verständlich. Für ihn muss Maria zuerst gleichsam vom Himmelsthron heruntersteigen, bevor er sie malen kann.

Genau das geschieht denn auch in Rembrandts erstem Gemälde der Heiligen Familie von 1635. Was ihn zu diesem Bild motivierte, wissen wir nicht, aber es ist vielleicht nicht von ungefähr in derselben Zeit entstanden wie die Passionsserie für Prinz Frederik Hendrick. Und fast muss man ein wenig schmunzeln beim Betrachten des Resultats. Da ist nun wahrlich der Protestant mit dem Maler durchgebrannt! Welch irdisch konkrete Idylle ist da entstan-

Abb. 21: Maerten Jacobsz van Heemskerck: Der heilige Lukas malt die Madonna, 1532.

den: nämlich die typisch protestantische Vorbild- und Vorzeigefamilie! Dass diese ebenso sehr dem Klischee verfallen ist wie die selig alles Irdischen enthobene Madonna, muss Rembrandt bewusst geworden sein; das zeigen seine weiteren Darstellungen.

Die biblische *Maria*

Ein einfaches Mädchen mit dem Allerweltsnamen Maria wird von Gott dazu erwählt, die Mutter des zukünftigen Erlösers zu werden. Wie das zugeht, erzählt uns anschaulich der Evangelist Lukas in den beiden ersten Kapiteln seines Evangeliums. Er betont, dass die Empfängnis ohne Zutun des Mannes geschieht, also ein göttliches Geschehen ist. Mann und Frau werden nicht auf ihre biologische Funktion festgelegt. Dass dies dem menschlichen Verständnis zuwider läuft, darauf verweist besonders Matthäus, indem er erwähnt, dass Josef zuerst die Absicht hatte, seine schwangere Verlobte zu verlassen und erst auf Geheiss des göttlichen Engels, der ihm im Traum erscheint, davon absieht (Mt 1,18–21).

Maria ist das Beispiel dafür, dass «*bei Gott kein Wort ohne Kraft*» ist (Lk 1,37). Wie dieses Wort den furchtsamen Menschen, hier die noch nicht verheiratete ungeschützte Frau, verändert und befreit, dürfen wir mit Maria erleben. Ohne diese Furchtlosigkeit und Freiheit ist das Lied, das sie in ihrer Schwangerschaft anstimmt (das «Magnificat», Lk 1,46–55), nicht zu verstehen. Leider wurde sowohl in der katholischen wie in der reformierten Tradition die Bedeutung dieses Liedes meist auf den seelisch erhebenden Gehalt reduziert – «*Meine Seele erhebt den Herrn, / und mein Geist jubelt über Gott, meinen Retter*» (Lk 1, 46–47) – und der zweite Teil des Gesangs, das Revolutionäre und Politische – «*Mächtige hat er vom Thron gestürzt und Niedrige erhöht …*» (Lk 1,52ff) – oft überhört und verharmlost.

Die reformierte Auslegung betont gerne, dass sich Maria eben nicht als «Königin», sondern als «Magd», als «Dienerin» bezeichnet. Die Gefahr auf reformierter Seite scheint mir darin zu liegen, dass dieser Ausdruck dann allzu oft als weibliche Unterwürfigkeit gedeutet und als Vorwand für die Reduzierung der Rolle der Frau auf die drei «K» (Kinder – Küche – Kirche) benutzt wird. Das Gegenteil ist aber der Fall, denn mit «Magd» und «Dienerin» ist ja «die Magd Gottes» gemeint, was nichts anderes bedeutet als das weibliche Pendant zu «Knecht Gottes» (auch der Messias selbst wird vom Propheten Jesaja so bezeichnet, vgl. die «Gottesknechtlieder», besonders Jes 53). Magd oder Knecht Gottes sein heisst dann, von Gott zum Mitarbeiter, zur Ministerin berufen zu sein, was nichts mit Unterwerfung zu tun hat, sondern vielmehr mit menschlicher Würde, Freiheit und Verantwortung.

Rembrandts erste Heilige Familie ist eine bürgerliche Familienidylle und wird dem spirituellen biblischen Sachverhalt wenig gerecht. Jesus hat sich nach den ältesten Zeugnissen immer wieder von den «Blutsbanden», vom Anspruch der Familie, distanziert. Schon das älteste, das Markusevangelium, berichtet davon: Als Mutter und Brüder den Wanderprediger und Heiler in den Schoss der Familie zurückholen wollen, weil er angeblich «*von Sinnen*» sei, weist Jesus sie deutlich zurück, indem er sich mit folgenden Worten an seine Zuhörer und Nachfolgerinnen wendet: «*Wer ist meine Mutter, und wer sind meine Brüder? Und er schaut einen nach dem anderen an und spricht: Das hier ist meine Mutter und hier sind meine Brüder und Schwestern! Denn wer den Willen Gottes tut, der ist mir Bruder und Schwester und Mutter.*» (Mk 3,21;33–35).

Und Lukas erzählt uns in einer Sondertradition, wie sich schon der zwölfjährige Jesus in Jerusalem von seinen Eltern absetzt, indem er sich ohne ihr Wissen und ohne ihre Erlaubnis «*ins Haus seines Vaters*», nämlich in den Tempel begibt (vgl. Lk 2,41–52). Ein Lieblingsthema des Lukas ist dabei, dass Maria einerseits sich nicht anders verhält als eine normale leibliche Mutter mit ihren Bedenken und Ängsten, dass sie aber andererseits doch in tiefstem Herzen «wissend» ist.

«Der zwölfjährige Jesus im Tempel» ist eine Episode, mit der sich Rembrandt über Jahrzehnte in seinen Radierungen immer wieder beschäftigt hat. Dass es ihm dabei vor allem um den Gedanken der Freiheit, der Emanzipation des Gottes-Kindes und seiner Kompetenz geht, ist augenscheinlich.

Die Ambivalenz der verwandtschaftlichen und geistigen Beziehung Jesu zu seiner Mutter wird sehr schön und spannend im jüngsten Evangelium, demjenigen des Johannes, dargestellt. Beim ersten Wunder, der Verwandlung von Wasser in Wein an der Hochzeit zu Kana, weist dieser zuerst das Drängen seiner Mutter schroff zurück, um dann doch nach ihrem Willen zu verfahren (vgl. Joh 2,1–12).

Durch alle Evangelien hindurch wird es dann seltsam still um Maria. Bei Johannes erscheint sie erst wieder unter dem Kreuz; dies aber in einer für die Geschichte der Kirche bedeutenden Weise: Der sterbende Jesus, sowie er seinen Lieblingsjünger Johannes und seine Mutter Maria unter dem Kreuze sieht, spricht sie an und verpflichtet sie einander mit den Worten: «*Frau, da ist dein Sohn.*» und zu Johannes: «*Da ist deine Mutter!*» (Joh 19,26–27).

Somit wird Maria mit dem Willen des Messias weit über alle Blutsbande hinaus auch zur Mutter des Apostels und damit zur Mutter aller in der Nachfolge Jesu, also zur «Mutter der Kirche». Was sich daraus jedoch im Laufe der Jahrhunderte an schwülstigem und sentimentalem Kult entwickelt hat, dafür darf Johannes allerdings nicht belangt werden.

Beim Evangelisten Lukas erscheint Maria erst wieder in der Apostelgeschichte, inmitten der Apostel, wie sie sich nach Jesu Himmelfahrt in Jerusalem einmütig zum Gebet zusammenfinden (vgl. Apg 1,13–14).

Zusammenfassend können wir sagen, dass die Nachrichten der Bibel über Maria, verglichen mit der späteren kirchlichen Tradition, eher karg ausfallen. Und doch wird durch ihre Person Entscheidendes über unser Christ- und Kirchesein ausgesagt: Gerade ein zu enges Familiendenken – eine latente Gefahr im Protestantismus! – wird durch die Darstellung der Rolle der Mutter des Messias durchbrochen. Gottes Familie ist grösser und umfassender, als wir es uns träumen lassen!

Im Weiteren steht Maria da als Beispiel für den von Gott angeschauten und erwählten Menschen. Wie sie ist der Mensch begnadet, berufen als Diener (Minister), als Mitarbeiterin Gottes. Das verleiht dem Menschen eine bisher ungekannte Würde, Freiheit und Verantwortung. Mit Maria soll das Lied der Befreiung gesungen und der Kampf gegen Unrecht und Unterdrückung aufgenommen werden.

Und nicht zuletzt steht Maria für die Freiheit und Macht des himmlischen Vaters selbst, der, wenn es ihm gefällt, für sein Werk nicht nur den Usus der Gesellschaft, sondern auch die Naturgesetze ausser Kraft setzen kann, wobei das, was mit Maria geschieht, wie das Präludium zum Ostergeschehen erklingt.

Wie Rembrandt mit Maria den Weg zu *einer Malerei der Zärtlichkeit findet*

Nicht nur Maria musste durch den Dornwald gehen, wie es in dem schönen Volkslied heisst, sondern auch der Maler Rembrandt ist den Weg durch das konfessionelle Dorngestrüpp hindurchgegangen, bis er die von Gott erwählte, vom heiligen Geist erfüllte, zärtliche Mutter des Messias gefunden hat.

Diesen Weg des Malers zu verfolgen, ist äusserst spannend. Er beginnt mit besagter, etwas fragwürdiger Darstellung der Heiligen Familie von 1635, wo der Mütterlichkeit Marias, hervorgehoben durch ihren vollen Busen, gehuldigt wird, und wo Josef, umgeben von seinem Zimmermannswerkzeug, als Ernährer, Erhalter und Beschützer der Familie seinen traditionellen Part erhält. Es ist mehr ein Gemälde der gut bürgerlichen, calvinistisch-holländischen Familie, denn ein «heiliges, biblisches» Bild.

Ähnlichkeiten finden wir in dem kleinen Gemälde auf Holz, welches 1640 entstanden ist und heute im Louvre hängt (vgl. Abb. 22). Es stellt Mutter Maria und Grossmutter Anna mit dem Kind dar. Josef, dem Betrachter den Rücken zuwendend, arbeitet im Hintergrund am offenen Fenster. Rembrandt übernimmt das Thema aus der ikonografischen Tradition der Anna Selbdritt, nähert sich aber einer bewussten theologischen Aussage weit mehr als fünf Jahre zuvor. Auf fast unmerkliche Weise klingt in diesem kleinen Bild ein Thema an, welches für spätere Darstellungen signifikant werden wird: der Augenblick des Verstehens und Erkennens. Anna, die Grossmutter, hat gelesen (vgl. das Motiv der Bibel-Leserin), nun lässt sie Buch und Brille sinken, um, indem sie die Arme überkreuzt, mit ihrer Rechten das Tuch vom Köpfchen des Kindes, das von Maria gestillt wird, wegzuziehen. Durch diese spontane, aber etwas unnatürlich wirkende Bewegung und durch das Licht, welches voll auf das

Abb. 22: Die Heilige Familie, 1640.

Abb. 24: Federico Barocci: Madonna mit Christkind in Wolken.

Abb. 23: Maria mit dem Christkind in Wolken, 1641.

Kind fällt, macht der Maler deutlich, dass die Grossmutter «verstanden», «erkannt» hat, dass in diesem Kind der Messias erschienen ist, von dessen Verheissung sie eben gelesen hat. Rembrandt versteht diese theologische Erkenntnis wunderschön in seine, des Malers «Sprache» umzusetzen.

Noch einen Schritt weiter geht Rembrandt in der ein Jahr später entstandenen Radierung «Maria mit dem Christkind in den Wolken». Auch dieses Thema übernimmt der Maler aus der ikonografischen Tradition. Vorbild ist deutlich die Darstellung von Federico Barocci, aber Rembrandt gestaltet um: Statt der seligen, über den Wolken thronenden Madonna stellt Rembrandt das schmerzgezeichnete Antlitz einer menschlichen, sich sorgenden Mutter dar. Damit nimmt er die biblischen Aussagen des Evangelisten Lukas auf, welcher betont, dass Maria beim Gedanken an das Schicksal ihres Sohnes ein Schwert durchs Herz fährt. Eigenartig in Rembrandts Darstellung ist ihr sich in den Wolken unter ihr spiegelndes Gesicht. Ob Rembrandt damit sagen will, dass seine Maria eher auf die Erde gehört als über die Wolken?

Dass der Maler berührt ist vom harten irdischen Schicksal der Gottesmutter zeigt sich auch in den Radierungen, welche die heilige Familie auf der Flucht zeigen: die Frau, die Familie, bedroht, schutzlos unterwegs, dem dunklen blinden

Abb. 26: Die Flucht nach Ägypten, 1651.

Abb. 25: Die Flucht nach Ägypten, 1633.

Schicksal preisgegeben (vgl. Abb. 25 und 26). Darin verbirgt sich sowohl für Rembrandts wie für unsere Zeit eine ergreifend aktuelle Aussage. Der Künstler kennt solche Schicksale aus nächster Nähe. Dadurch, und wohl auch aus seinem ganz persönlichen Erleben heraus, findet der holländische Maler immer näher an das eigentliche Geschehen von Weihnachten und an die Gestalt der Maria heran.

In den Jahren zwischen 1642 und 1648 – es sind die Jahre, in denen auch das Hundertguldenblatt entsteht, welches auf unnachahmliche Weise die Bedeutung von Christus für unser irdisches Dasein darstellt – malt Rembrandt zahlreiche Weihnachtsbilder. Aus dem Dunkel seines eigenen Lebens heraus – 1642 verliert Rembrandt seine geliebte Frau Saskia – findet Rembrandt innerlich, aber auch in seiner Kunst zum Licht von Weihnachten, zum «Licht der Welt». Diesen Schritt, den man wohl eher einen Sprung, eine Erleuchtung oder eine Geburt nennen müsste, möchte ich nun anhand des Kasseler Weihnachtsbildes mit dem Vorhang, welches Rembrandt 1646 gemalt hat, näher ins Auge fassen.

Das Licht scheint in der Finsternis: *das Kasseler Weihnachtsbild*
Auf den ersten Blick erscheint uns dieses kleine Gemälde als gewöhnliche Darstellung einer Familie, wie sie sich wohl zur Zeit Rembrandts allgemein im

holländischen Alltag gezeigt hat. Wir sehen in die Intimität einer Wohnstube hinein, wo eine Mutter ihr Kind herzt; zu ihren nackten Füssen brennt still das häusliche Feuer, auf dem wohl der Brei gekocht worden ist, der nun, mit dem Löffel darin, für das Kind bereitsteht und nach dem es die Katze auch so sehr gelüstet. Draussen im Dämmerlicht der Mann bei der täglichen Arbeit des Holzhackens. Dieses an sich nebensächliche Detail hat dem Bild für Jahrhunderte den säkularen Namen «Die Werkstatt des Zimmermanns» verliehen. Und wirklich, wer käme auf die Idee, dies sei ein besonderes, ein «heiliges» Bild? Wie unterscheidet sich doch diese profane Darstellung von der herkömmlichen Madonna mit Kind und Heiligenschein. Und doch hat der «Heilige Schein» in diesem Bild uns schon längst in seinen Bann gezogen. In seinem klaren und warmen Licht nämlich, welches auch noch auf dem gemalten Rahmen spielt, können wir das intime Geschehen überhaupt erst erkennen. Geheimnisvoll ist es, dieses gold-weisse Licht, welches auf die Korbwiege, auf Mutter und Kind und auf die kleine Szene mit Brei und Katze fällt. Die Eigenart, Intensität und Schönheit dieses Lichtes fällt uns umso mehr auf, wenn wir es mit dem fast kläglichen Herdfeuer oder mit dem schwach durchs Fenster scheinenden Tageslicht vergleichen. In diesem Bild sind eigentlich drei Lichtquellen zu unterscheiden: die natürliche, die häusliche und diese geheimnisvoll eindringliche, welche Rembrandt vor allem in und mit seinen Weihnachtsbildern entdeckt und die seinen Gemälden von nun an jene Tiefe und jenes innere Feuer verleiht, welches uns bis heute fasziniert.

Bei intensiver Betrachtung dieses Lichtphänomens stellen wir eine Art Doppelung fest. Einerseits scheint das Licht von oben aus weiter Ferne zu kommen, andererseits glüht es aus den Personen und Dingen selbst. Sehr schön ist dieses innere Licht auch in dem im selben Jahr entstandenen Bild «Die Anbetung der Hirten» zu beobachten. Könnten wir es vielleicht als «Weihnachtslicht» bezeichnen? Dieses spirituelle Licht scheint mir von nun an ganz besonders der Schlüssel zu Rembrandts Malerei zu sein. Obschon gleichsam Rembrandts Erfindung, ist doch darin der Geist und das Weltempfinden einer ganzen Epoche spürbar. Dahinter steht eine neue Gottes- und Selbsterkenntnis, welche in Holland besonders deutlich hervortrat und der sich, laut holländischen Forschern, selbst Kirchenferne und Atheisten nicht entziehen konnten. Insbesondere der universal denkende Reformator Johannes Calvin hat der seefahrenden und handeltreibenden holländischen Gesellschaft des 16. und 17. Jahrhunderts das Gepräge und den Mut zur Befreiung aus spanischer Herrschaft gegeben.

Abb. 27: Die Heilige Familie mit einem gemalten Rahmen und Vorhang,1646.

«Licht» ist in der Bibel (bes.: *«Das Volk, das im Finstern wandelt, sieht ein grosses Licht ... »* (Jes 9,2) und: *«Und das Licht scheint in der Finsternis ...»* (Joh 1,5ff)) und ganz besonders auch für die Reformatoren Symbol und Manifestation des göttlichen Geistes, der in die Dunkelheit der Welt und der menschlichen Existenz hineindringt und sie im wahren Sinn des Wortes erleuchtet, tröstet und beseelt. Bei Calvin, welcher sich in seiner Hauptschrift, der Institutio, besonders eingehend mit diesem spirituellen Licht befasst, finden wir überraschenderweise dieselbe geheimnisvolle Doppelung wie in Rembrandts Malerei. Einerseits kommt das Licht von aussen, aus göttlicher Quelle, denn Gott selber ist «clarté» und schafft im Kosmos Leben, Bewegung und Ordnung. Calvin verweist in diesem Zusammenhang gerne auf die wunderbar geregelten Bahnen der leuchtenden Himmelskörper. Gleichzeitig erleuchtet und belebt dieses schöpferische Licht als Heiliger Geist die Seele des Menschen von innen und weckt in ihr Glaube, Verstand und Erkenntnis, aber auch Demut, Freude und Kreativität. In dieser inneren Erleuchtung geschieht das, was Calvin die «vocatio», die Berufung des Menschen zu seinem besonderen Werk nennt. Darin sieht Calvin die Gottebenbildlichkeit des Menschen verwirklicht, welche sich in wahrer Gottes- und Selbsterkenntnis äussert. Dass die Geburt des Messias Anfang und Zentrum dieses ganzen Geschehens bedeutet, ist und bleibt die Mitte reformierten Glaubens (vgl. bes. Calvin Inst. I,5; I,7 und Inst. II,21). Folgendes Calvinzitat fasst dies besonders schön zusammen: «Wo Gott nicht durch seinen Geist Licht schafft, da liegt alles im Dunkel ... und die Menschen sind blinder als Maulwürfe! ... Wir vermögen nur so weit in die Geheimnisse Gottes einzudringen, wie wir von seiner Gnade erleuchtet sind.» (Inst. II,21) Den Maler Rembrandt muss dieses Licht, diese «vocatio», in ganz besonderer Weise ergriffen haben. Denn was der Reformator in klarer und poetischer Sprache darlegt, das malt uns Rembrandt glühend mit dem Pinsel vor Augen: Das Licht scheint in der Finsternis.

Faszinierend ist auch die Beobachtung, wie in Rembrandts künstlerischer Entwicklung hier gleichzeitig die Geburt seines eigenen, unverwechselbaren Malstils stattfindet. Kann seine Maltechnik wohl deshalb nie endgültig definiert und auf den Nenner gebracht werden, weil sie letztendlich auf die Dynamik und das Geheimnis des Lichtes des Heiligen Geistes selbst zurückzuführen ist?

Ich glaube, dass die Profanität des Kasseler Weihnachtsbildes in diesem rembrandtschen Licht zu sehen ist. Klingt in dessen Schlichtheit und Heiligkeit zugleich nicht die ergreifende Aussage des Weihnachtsliedes von Martin Luther auf?

Des ewgen Vaters einig Kind jetzt man in der Krippe findt;
in unser armes Fleisch und Blut verkleidet sich das ewig Gut.

Den aller Welt Kreis nie beschloss, der liegt in Marien Schoss;
er ist ein Kindlein worden klein, der alle Ding erhält allein.

Das ewig Licht geht da herein, gibt der Welt ein' neuen Schein;
es leucht' wohl mitten in der Nacht und uns des Lichtes Kinder macht.

Das Heilige durchdringt die Profanität, das Ewige die Zeit. Gott wird Mensch mitten in einer einfachen holländischen Wohnstube. In diesem schlichten Weihnachtsbild «besingt» der holländische Maler Gottes Kleinheit, sein Wohnen unter uns und macht so Weihnachten fassbar, schaubar, fühlbar, erkennbar. Es ist dies nicht einfach die persönliche, zeitbedingte Botschaft eines Malers des 17. Jahrhunderts, sondern auch diejenige der Heiligen Schrift selber, welche zwar für jede Zeit neu zum Leuchten gebracht werden muss, deren innere Wahrheit aber bleibt.

Kurt Marti formuliert diese zentrale biblische Botschaft neu in knapper, präziser Sprache so:

gott ohnbeginn
gott endverbleib
gott ruhestark
gott odemnah
gott gerneklein
gott ewigklang!

Diese bildstarken Ausdrücke des Berner Theologen und Dichters kommen nahe an die Aussage von Rembrandts Weihnachtsgemälde heran. Ist es doch gerade der Gott «gerneklein» und «odemnah», welcher gleichzeitig der Gott «ewigklang» ist, der uns im Kasseler Bild entgegenlächelt. Und wie wunderbar tröstlich umfängt doch die Betrachtenden die Atmosphäre des «ruhestark» darin. So treffen sich der Maler aus dem 17. Jahrhundert und der moderne Theologe und Poet in ihrer Aussage auf eindrückliche Weise.

Der Vorhang *öffnet sich*

Wie biblisch und wie theologisch Rembrandt seinen Pinsel braucht, darauf weist auch das Motiv des geöffneten Vorhangs. Dieser ist ja das äusserlich auffallendste Merkmal des Bildes. Heutige Kunstgeschichtler (wie Ch. Tümpel und W. Kemp) weisen darauf hin, dass im 17. Jahrhundert in den holländischen «Kunstkammern» echte Vorhänge zum Schutz und zur besonderen Auszeichnung kostbarer Gemälde nicht selten waren und dass dabei das «Verhüllen und Enthüllen» ein spezielles gesellschaftliches Ritual darstellte. Rembrandt bezieht diese Gepflogenheit direkt in sein Weihnachtsbild ein und verleiht diesem damit einen besonderen Reiz. Der Vorhang öffnet sich: Wir werden Zeugen des Geschehens; Weihnachten wird sichtbar; Gottes Liebe offenbart sich. Beim Tod dieses Kindes hingegen wird die Sonne sich verfinstern und der Vorhang im Tempel von oben bis unten zerreissen.

Auch die Vorstellung des Apostel Paulus, mit dem sich Rembrandt zeitlebens beschäftigt und auch identifiziert hat, scheint im Hintergrund zu stehen. Nach Paulus liegt für den alttestamentlichen Menschen eine «Decke» auf Gottes Gesetz und Wirken. Erst mit dem Erscheinen Jesu Christi lüftet sich diese Decke und die Liebe Gottes wird offenbar (vgl. 2Kor 3,14). Rembrandt weist mit seinem zurückgeschobenen Vorhang darauf hin und macht erlebbar, was bei Paulus, bei Jesaja und in den Psalmen verheissen ist: *«In deinem Lichte schauen wir das Licht!»* (Ps 36,10). Durch das Symbol des Vorhangs wird Rembrandts Weihnachtsbild für uns zu einem Erkenntnis- und Offenbarungsbild: *«Wir alle aber schauen mit aufgedecktem Antlitz die Herrlichkeit des Herrn wie in einem Spiegel»* (2Kor 3,18). Mit diesem scheinbar nebensächlichen Detail des Vorhangs macht Rembrandt unversehens seine Zuschauer zu Mitbeteiligten und Betroffenen.

Rembrandts Gemälde provozieren immer zum Dialog und zur Auseinandersetzung. Darin scheint ihre nun schon jahrhundertealte Lebendigkeit zu liegen. So stellt uns das Kasseler Weihnachtsbild unmerklich vor die Frage nach Weihnachten heute in unserer Gesellschaft. Können wir im lauten künstlichen Licht und hinter Bergen von schillernden Weihnachtsverpackungen die Kleinheit Gottes noch erkennen und seine Heiligkeit noch spüren?

Der leere *Stuhl*

Wo Licht ist, da ist auch Schatten, wo Erleuchtung ist, auch Verblendung. In der Bibel treffen wir immer wieder auf diese Gegensätze, vornehmlich beim Propheten Jesaja, beim Apostel Paulus und beim Evangelisten Johannes. Und in diesem Zusammenhang weisen die Reformatoren auf das Elend und die Gnadenbedürftigkeit des Menschen hin. Beim biblisch und theologisch versierten Maler Rembrandt treffen wir deshalb ganz natürlicherweise auf Verschattungen und Lichteinbrüche. Und die einfache Frage: «Was liegt im Licht, was im Schatten?» führt stets direkt in die Thematik seiner Darstellungen hinein. In unserem Bild liegt die Welt draussen, in der Josef arbeitet, im Schatten. Josef wird nur vom schwachen Tageslicht gestreift. Ist dies Missachtung oder Korrektur an der katholischen Heiligenfigur? Eher bietet uns der Maler Josef als Identifikationsfigur an: Wie Josef, so stehen auch wir im Schatten der alltäglichen Arbeitswelt. Wann wird er, wann werden wir das Werkzeug weglegen und hineingehen? Denn Josef wird erwartet; im Schatten neben Maria steht der Stuhl für ihn bereit. Mit dieser einfachen, versteckten und doch liebevollen Geste des «leeren Stuhls» schafft der Maler nicht nur Raum für Josef, sondern auch für den Betrachter und die Betrachterin. Der in seine Alltagswelt verstrickte blinde Werkmensch ist eingeladen zum heiligen Geschehen. Der Stuhl steht bereit. Darin ist etwas von der Dramatik spürbar, die uns in Rembrandts Darstellungen immer wieder ergreift. Das auf den ersten Blick so fried-liche ruhige Bild ist, wenn wir uns nur darauf einlassen, voll innerer Spannung. Die ganze Zärtlichkeit des Weihnachtsgeschehens will uns umfangen.

Es verwundert nun auch nicht mehr, dass Rembrandt am Ende dieser Peri-ode der Weihnachtsbilder (1648/49) auf dem so genannten «Hundertgulden-blatt» jenen Jesus darstellt, welcher diejenigen auf der Schattenseite des Lebens, die Elenden und Zukurzgekommenen zu sich ins Licht ruft: *«Kommt zu mir, all ihr Geplagten* [alle, die ihr «arbeitend» seid – so Zwingli] *und Beladenen: Ich will euch erquicken.»* (Mt 11,28).

Maria als biblische Gestalt *in Rembrandts Weihnachtsbildern*
In Rembrandts Mariendarstellungen erleben wir, wie der Maler durch das Dorngestrüpp der konfessionellen Vorurteile, aber auch durch den Dornen-wald seiner eigenen Not hindurch, wo er mit seinem kleinen Sohn Titus den Verzicht auf die achtsame und fürsorgliche Zärtlichkeit einer Mutter bitter erfahren muss, zum Licht von Weihnachten findet.

Maria erscheint uns in Rembrandts Weihnachtsgemälden zwischen 1642 und 1648 buchstäblich in einem neuen Licht. Weder ist sie da die ferne, auf den Himmelsthron gehobene heilige Madonna, noch die biedere Vorbildmut-ter der holländisch protestantischen Gesellschaft, sondern es ist die biblische Maria, welche uns entgegentritt: eine einfache Frau, die, von Gott angesehen und erwählt, zu einer entscheidenden Rolle in Gottes Heilsgeschichte mit den Menschen berufen ist. Maria wird ein eigener Mensch. Sie wird zur mensch-lich zärtlichen, achtsamen, aber auch leidenden Mutter des Messias, durch-glüht vom göttlichen Licht der Gnade. Sie zeigt sich uns als Beispiel dafür, wie Gott mit den Menschen verfährt, wozu er sie erwählen und berufen will. Ma-ria steht für «jedefrau». Das ist wohl auch der tiefere Grund, weshalb Rem-brandt sich scheut, ihr ein bestimmtes, individuelles Antlitz aus seinem Um-kreis zu verleihen: Was Maria verkörpert, geht weit über ein historisches Rollenporträt hinaus. Marias Gestalt geht ganz im Weihnachtsgeschehen auf. Das wird sehr deutlich in Rembrandts letztem Weihnachtsbild von 1647, wel-ches den Titel «Ruhe auf der Flucht nach Ägypten» bekommen hat und wo nicht individuelle Gesichter, sondern nur das wunderbar tröstliche und Ge-borgenheit schenkende Licht das Thema ist.

Noch zwei Mal macht Rembrandt später eine Aussage zur Gestalt der Maria: in der Radierung von 1654, welche zum «Christus-Zyklus» dieses Jah-res gehört, und in dem zu seiner Evangelisten- und Apostelserie gehörenden Ge-

Abb. 28: Ruhe auf der Flucht nach Ägypten, 1647.

mälde von 1661, wo er Maria als Schmerzensmutter hineinstellt, was wiederum
dem Bericht der Bibel entspricht, in dem als Letztes erwähnt wird, dass Maria
mit den Aposteln zusammen einmütig im Gebet verharrte (vgl. Apg 1,13–14).

Maria mit *der Schlange*

Die Radierung von 1654 (vgl. Abb. 29) nimmt nochmals das Weihnachtsmotiv
des Kasseler Gemäldes auf, wobei die theologische Symbolik hier noch klarer
und präziser formuliert wird. Fast möchte man sagen, dass der Unterschied
darin besteht, dass im Gemälde mehr Gefühl und Erleben angesprochen werden, während in der Radierung eher eine gedankliche theologische Aussage
den Vorrang erhält. Ähnliches lässt sich auch bei Rembrandts Oster-Darstel-
lungen beobachten.

Wie im Kasseler Weihnachtsgemälde von 1646 blicken wir in der Radierung von 1654 in eine einfache holländische Wohnstube, wo in Marias Armen

Abb. 29: Die Muttergottes auf der Schlange, 1654.

zärtlich geborgen das Kind ruht. Auch die Szene mit der Katze fehlt nicht, nur dass sie hier mit Marias Kleid spielt. Jedoch so harmlos ist das Ganze nicht, denn unter Marias Kleid züngelt die Schlange, Symbol des Bösen, hervor. Maria aber tritt fest und furchtlos mit ihrem Fuss auf sie. Damit nimmt Rembrandt ein Motiv aus der Tradition auf, nach welcher in Parallele zur Adam-Christus-Symbolik Maria die Sünde der Urmutter Eva aufhebt. Gottes Güte überwindet im Weihnachtsgeschehen Bedrohung und Schuld des Menschen. Die Sonne, welche durchs Fenster scheint, wirkt wie ein Heiligenschein und steht symbolisch für das Licht der Gnade. Auch der Hinweis des leeren Stuhls wird aus dem Kasseler Gemälde übernommen. Allerdings geht die Radierung einen Schritt weiter: Josef nämlich, der Werkmensch, der «homo faber», hat sein Werkzeug weggelegt und blickt staunend zum Fenster herein. Er hat die Einladung «verstanden» und bald wird er sich in den für ihn bereitgestellten Stuhl setzen. Mit diesem Beispiel des Staunens und der Bereitschaft zum Aufbruch entlässt der Maler und Radierer des 17. Jahrhunderts seine Zuschauer und Betrachterinnen in ihre eigene Zeit und Wirklichkeit hinein.

Maria *von Magdala*

Ähnliches, wie für die Mutter Maria und ihre Darstellungen bei Rembrandt, gilt auch für Maria von Magdala, die andere weibliche Hauptperson des Neuen Testaments. Maria Magdalenas Faszination liegt für Rembrandt weder in ihrer Schönheit, noch in ihrer Erotik, noch in ihrer von der Kirche vielgerühmten Bussfertigkeit: So, wie Maria das Wunder von Weihnachten verkörpert, tritt uns in Maria von Magdala das Geheimnis von Ostern entgegen. Ihre Begegnung am Grab mit dem Auferstandenen ist das Thema, welches Rembrandt in Zeichnungen und Gemälden zwischen 1638 und 1656 umkreist. Das 1638 entstandene Gemälde atmet noch ganz den Geist des Barock, während das Bild von 1651 bereits durch die Schule von «Rembrandts Weihnachten» hindurchgegangen ist. Es ist spannend, diese beiden Darstellungen nebeneinander zu stellen. Bevor wir dies tun, gilt es aber, wie bei der Gestalt der Mutter Jesu, den Staub vom tradierten Bild der Maria Magdalena zu wischen, indem wir uns zuerst den ursprünglichen Aussagen über sie zuwenden.

Die Maria Magdalena der *Tradition und diejenige der Bibel*
Sowohl in der kirchlichen wie in der ikonografischen Tradition wurde über Jahrhunderte hinweg die Figur der Maria Magdalena missbraucht, indem sie zu einer Verkörperung der moralischen wie erotischen Bedürfnisse einer kirch-

lich verklemmten Gesellschaft stilisiert wurde. Es ist weitgehend das Verdienst von Elisabeth Moltmann-Wendel, die Persönlichkeit dieser immer wieder die männliche Phantasie bewegenden Gestalt ins rechte Licht gerückt zu haben. Rembrandt konnte von der so genannten feministischen Theologie ja noch nichts wissen, aber weil er für das biblische Anliegen der Freiheit des Menschen immer achtsam blieb, geriet er nicht in die patriarchalische Traditionsfalle.

Die Tradition ging recht oberflächlich mit der Bibel um und vermengte in Maria von Magdala verschiedene Frauengestalten miteinander. So machte sie aus der Prostituierten, welche Jesus die Füsse salbte (Lk 7), der «echten» Maria aus Magdala, die durch Jesus von sieben Dämonen geheilt wurde und welche fortan ihren Rabbi begleitete (Lk 8), und aus der Schwester des Lazarus (Joh 12) eine einzige Person: Jesus heilte die schöne Prostituierte von ihrer Sexbesessenheit. Diese tat Busse und wurde seine Jüngerin. Das Vorbild für all die «gefallenen» Mädchen war geschaffen, welche man in den «Magdalenen-asylen» zur Heilung und Besserung unterbrachte. Damit hatte sich die Kirche auch glücklich distanziert von der Sünde der Sexualität und doch gleichzeitig die erotischen Träume nicht preisgegeben. Dieses verhängnisvolle Bild der Frau hat in Theologie, Malerei und Literatur bis heute nachgewirkt.

Auch für Maria von Magdala sind die biblischen Angaben eher spärlich. In dem erwähnten 8. Kapitel des Lukasevangeliums wird berichtet, dass Jesus sie von sieben Dämonen, also wohl von einer Geisteskrankheit heilte, und dass sie ihn daraufhin mit andern Frauen begleitet hat. Dass sie in einem besonderen Verhältnis zu ihrem Rabbi gestanden hat, wird besonders am Schluss des Johannesevangeliums deutlich. Nicht nur, dass sie zu den Frauen gehörte, die Jesus am Karfreitag nicht im Stich gelassen haben, während die Jünger in alle Winde zerstoben, sondern es wird sowohl von Markus wie von Johannes hervorgehoben, dass Maria aus Magdala als Erste den Auferstandenen gesehen hat. Die einst kranke und verwirrte Frau wird zur ersten Zeugin von Ostern, zur «Apostelin der Apostel», wie sie der berühmte Kirchenvater Augustin nennt.

Der Bericht im Johannesevangelium gehört zu den schönsten und ergreifendsten Texten der Bibel überhaupt.

Der Auferstandene *erscheint der Maria aus Magdala*
Maria aber stand draussen vor dem Grab und weinte. Während sie nun weinte, beugte sie sich in das Grab hinein. Und sie sieht zwei Engel sitzen in weissen Gewändern, einen zu Häupten und einen zu Füssen, dort, wo der Leib Jesu

gelegen hatte. Und sie sagen zu ihr: Frau, was weinst du? Sie sagt zu ihnen: Sie haben meinen Herrn weggenommen, und ich weiss nicht, wo sie ihn hingelegt haben. Das sagte sie und wandte sich um, und sie sieht Jesus dastehen, weiss aber nicht, dass es Jesus ist. Jesus sagt zu ihr: Frau, was weinst du? Wen suchst du? Da sie meint, es sei der Gärtner, sagt sie zu ihm: Herr, wenn du ihn weggetragen hast, sag mir, wo du ihn hingelegt hast, und ich will ihn holen. Jesus sagt zu ihr: Maria! Da wendet sie sich um und sagt auf Hebräisch zu ihm: Rabbuni! Das heisst «Meister». Jesus sagt zu ihr: Fass mich nicht an! Denn noch bin ich nicht hinaufgegangen zum Vater. Geh aber zu meinen Brüdern und sag ihnen: Ich gehe hinauf zu meinem Vater und zu eurem Vater, zu meinem Gott und zu eurem Gott. Maria aus Magdala geht und sagt zu den Jüngern: Ich habe den Herrn gesehen, und berichtet ihnen, was er ihr gesagt hat. (Joh 20,11–18)

Dramatik des *Ostermorgens*

Rembrandts Gemälde von 1638 ist ein sprechendes Beispiel für den barocken Stil des Historienmalers in Amsterdam. Wie in den meisten historischen Darstellungen wählt er einen ganz bestimmten dramatischen Augenblick des Geschehens. Maria von Magdala kniet, den Salbentopf vor sich, auf der obersten Stufe der Treppe, welche zur Grabeshöhle in dem sich hoch über ihr auftürmenden Felsen führt. Die beiden Engel, welche die weinende Frau angesprochen haben, markieren den Ort, an dem der Tote gelegen hat. Maria, untröstlich darüber, dass das Grab leer ist, wendet sich um und sieht den vermeintlichen Gärtner hinter sich stehen. Rembrandt malt diesen so, wie ihn Maria in ihrer Einbildung sieht: mit breitem Hut, Schaufel und Heckenschere im Gürtel. Eben hat auch dieser sie gefragt: «Frau, was weinst du? Wen suchst du?» Und Maria, um die rechte Hand noch immer das Tuch gelegt, mit welchem sie den Toten salben möchte, bittet ihn inständig: *«Herr, wenn du ihn weggetragen hast, sag mir, wo du ihn hingelegt hast, und ich will ihn holen.»*

Die Gebärde ihrer linken Hand unterstreicht dabei die Intensität ihrer Bitte. Rembrandt hat für sein Gemälde also den spannungsgeladenen Augenblick gerade vor dem Erkennen gewählt. Maria ist noch blind für das, was schon geschehen ist. Noch ist sie verhaftet in der alten Situation, noch möchte sie dem Toten einen letzten Liebesdienst erweisen, obschon er in Wirklichkeit bereits hinter ihr steht und lebt. Es ist eindrücklich, wie der Maler hier mit viel Gespür nicht nur den Bibeltext, sondern die ganze Schwerfälligkeit unserer menschlichen Situation und unseres trägen Begreifens festhält.

Der Morgen ist schon da, er hat in den dunklen Himmel ein helles Fenster gebrochen, beglänzt die Mauern und den Tempel von Jerusalem; in seinem Licht sind die zwei Begleiterinnen Maria Magdalenas auf dem Rückweg zur Stadt zu erkennen. Sanft umspült das Licht des frühen Morgens die Gestalt Jesu und das Antlitz Marias und lässt den Olivenzweig über dem Haupte des Auferstandenen silbern aufleuchten. Auch die Natur erwacht in diesem Gemälde; alles ist in Bewegung, und es wird nicht mehr lange dauern, bis das Osterlicht auch Marias Herz und Geist aufwecken wird. Wenn wir dieses Gemälde mit dem gut zehn Jahre später entstandenen vergleichen, so bekommt Ostern hier fast etwas Bodenständiges, Naturhaftes. Die satt aufs Holz aufgetragenen Farben wirken intensiv und kräftig, wie wenn sie bezeugen wollten: Ostern ist eine Realität; und Ostern hat mit unserem Alltag zu tun.

Abb. 31: Christus erscheint Maria Magdalena, 1643.

Göttlicher Friede *des Ostermorgens*

Einige Jahre später, 1643, hält Rembrandt nochmals diesen Moment in einer Federzeichnung fest. Diese ist so aussagekräftig, dass sie nicht übergangen werden darf. Rembrandt wählt hier das Breitformat, welches diagonal geteilt erscheint: in der rechten Diagonale Jesus und Maria Magdalena, in der linken Stadt und Tempel, die drei Kreuze auf dem Hügel, die zwei Frauen auf dem Rückweg. Das aufstrebend Dramatische (der hohe Fels mit der Grabeshöhle ist nur noch angedeutet) macht einer ruhigen, besinnlich-breiten Darstellung Platz. Auf der rechten Bildhälfte der Gärtner: Den Arm leicht auf den Felsen gestützt, das rechte Bein locker über das linke gekreuzt, hat seine Körperhaltung fast etwas Tänzerisches. Aufmerksam wendet er sich der am Boden knienden Maria zu, welche mit ringenden Händen ihre Bitte um den verschwundenen Leichnam vorbringt. Die dramatische Bewegung des Gemäldes von 1638, das fast gleichzeitige Fragen der beiden Personen, hat hier einem ruhigen Neben- und Nacheinander Platz gemacht. In der linken Diagonalebene ist gleichsam das, was vergangen ist, skizziert: der Ölhain, Golgatha mit den drei Kreuzen, die beiden zurückkehrenden Frauen. Menschliche Hektik und Verwirrung des Karfreitags liegen hinter uns, jetzt hat Gott das Wort; sein souveränes Handeln, sein Friede geht auf an diesem Tag.

Es ist eine meisterhafte Zeichnung, die in ihrer Aussage einem Gemälde ebenbürtig ist. Gleichzeitig zeigt sie den Wandel auf, der sich in Rembrandts Verständnis und Stil abzuzeichnen beginnt.

Das innere *Osterlicht*

Zu einer vollständig neuen Aussage im Vergleich zum Bild von 1638 findet Rembrandt im Ostergemälde von 1651 (vgl. Abb. 32). Wieder ist das Thema die Begegnung zwischen Maria Magdalena und dem Auferstandenen am Ostermorgen. Aber alles äusserlich Dramatische ist verschwunden, das Naturhaft-Bodenständige hat sich vollständig in ein inneres transzendentes Geschehen verwandelt. Allerdings wählt der Maler nun einen andern Moment, einen kleinen Augenblick später: Beim Anruf «Maria!» «erkennt» die Frau plötzlich. Verschwunden ist der Gärtner – ihr Rabbi steht vor ihr! In ihrem unerwarteten Glück streckt sie die Arme aus, um ihren geliebten Meister zu umarmen – und wird zurückgewiesen. Abwehrend hebt der Auferstandene seine Rechte, sein Körper biegt sich zurück, indem seine Linke das «Gewand» an sich rafft. Aber liebevoll wendet Jesus Maria sein Antlitz zu und spricht zu ihr: Noli me tangere! *«Fass mich nicht an! Denn noch bin ich nicht hinaufgegangen zum Vater.*

Abb. 32: Der auferstandene Christus erscheint Maria Magdalena, 1651.

Geh aber zu meinen Brüdern und sag ihnen: Ich gehe hinauf zu meinem Vater und zu eurem Vater, zu meinem Gott und zu eurem Gott.» (Joh 20,17).

Was sich in diesem Vers verbirgt, bedeutet nicht nur eine vollständige Provokation und Wandlung für die liebende Frau, sondern darin manifestiert sich die ganze Spannung und Verunsicherung, aber auch der ganze Aufbruch und die unerhörte geistige Kraft des werdenden Christentums. Der auferstandene Jesus ist nicht mehr körperlich, nicht mehr materiell «fassbar», sondern die Beziehung ist von nun an eine neue, geistige. Man staunt, wie der Maler dieses Problem malerisch bewältigt und darstellt. Nicht die Körpersprache allein macht das dramatische Geschehen von Ostern sichtbar. Bereits in seinen Weihnachtsbildern hat Rembrandt das Mittel gefunden, Seelisch-Geistiges darzustellen. So ist es auch hier das Licht, welches das Wesentliche zur Sprache bringt. Es geht eindeutig von der Gestalt des Auferstandenen aus und berührt Maria Magdalenas Gesicht und Herz. In diesem Glanz leuchtet auf, was jetzt in ihrem Geist und ihrer Seele geschieht: das Loslassen des Alten und der Neubeginn im Geiste. Die alte, materielle Liebe muss sterben, damit die neue, geistige Liebe geboren werden kann. Im nächsten Augenblick wird Maria von Magdala aufstehen, zu ihren Brüdern eilen und so zur Apostelin für die Apostel werden.

Wunderbar, wie Rembrandt dieses grundlegende Ereignis, welches für jeden, der vom Osterlicht des Christus berührt wird, immer wieder neu geschehen muss, zum Ausdruck bringt. Das ist «Verkündigung» im wahrsten Sinne des Wortes der Bibel: *«Der Geist ist es, der lebendig macht, das Fleisch vermag nichts. Die Worte, die ich zu euch geredet habe, sind Geist und sind Leben.»* (Joh 6,63).

Dass dieses Jesuswort sich gerade im Ostererlebnis einer Frau bewahrheitet und lebendig wird, birgt – ob es die katholische Kirche wahrhaben will oder nicht – ein grosses emanzipatorisches Potenzial in sich. Der Maler Rembrandt hat dies mit grosser Sensibilität «erkannt» und gemalt.

Maria Magdalena *in der Provence*

Da ich mich am Anfang dieser Betrachtung kritisch zum Maria Magdalenenbild der kirchlichen Tradition geäussert habe, möchte ich hier eine Korrektur anbringen.

Nördlich von Marseille, mitten im gewaltigen Felsmassiv des Sainte Baume findet sich eine wunderbare Grotte mit einer Quelle darin, seit Jahrhunderten berühmter Wallfahrtsort, wo nach der Legende Maria von Magdala ihre letzten Lebensjahre in Gebet und Meditation verbrachte.

Die Tatsache, dass der christliche Glaube schon sehr früh in der Provence Fuss fasste, hat eine reiche Legendenbildung angeregt. Nach dieser Legende hat Maria Magdalena zusammen mit Verfolgten der Urgemeinde (Marta, Lazarus und Maximin, einem der 72 Jünger) in Marseille und in Aix-en-Provence als Erste das Evangelium von Jesus Christus verkündet. Natürlich beruht auch in dieser Legende die Person der «Marie-Madeleine» auf der beschriebenen Geschichtsklitterei verschiedener Frauengestalten. In ihrem Bild in der Provence wird jedoch ein Grundzug ihrer Gestalt aus dem Evangelium speziell hervorgehoben: nämlich Maria Magdalena als Apostelin und Prädikantin! Dieser Zug kommt bis in die heutige Zeit hinein in den örtlichen künstlerischen Darstellungen ihrer Person zum Tragen. Die katholische Kirche hat leider den österlichen Lernprozess der Maria von Magdala nicht nachvollzogen und statt der Spur des Lebens zu folgen, hat sie sich mit dem Einbalsamieren ihrer toten Gebeine begnügt.

Dass man hingegen der erotischen Ausstrahlung der Marie-Madeleine in der Provence die Referenz erwies, indem man sie zur Patronin des Parfums und der Parfumproduktion machte, kann man in Anbetracht dieses Landes der wunderbaren Düfte wohl mit etwas Grosszügigkeit und Schmunzeln zur Kenntnis nehmen.

Abb. 33: «Rabbuni, mein Meister!», 1655.

Dokument einer respektvollen *und subtilen Beziehung*

Rembrandt nimmt das Osterthema ein letztes Mal in einer Federzeichnung ums Jahr 1655 auf. Was in dieser Zeichnung vor allem auffällt, ist die Reduktion auf das Allernotwendigste. Wieder müssen wir feststellen, dass Rembrandt gerne eine endgültige Aussage zu einem Thema mit knappsten Mitteln in einer Zeichnung oder Radierung macht. Mit wenigen Federstrichen hält er hier das «Noli me tangere» fest. Nochmals wählt Rembrandt das Hochformat und verleiht dadurch der Gestalt des Auferstandenen das Hoheitsvolle und Überragende. Er steht in der Wegbiegung, in der die zwei Gefährtinnen Maria Magdalenas verschwinden und nach Jerusalem zurückgehen. Die Gestalt des Auferstandenen ist umgeben von einem Strahlenkranz, der an einen Stern oder Kometen erinnert. Durch diese fein angedeuteten Linien wirkt die Person Jesu wie entrückt und bekommt einen transzendenten Nimbus. Bald wird er den menschlichen Blicken entschwinden. Aber auch die Gestalt der knienden und sich gerade erhebenden Maria Magdalena wird vom Ende dieses Kranzes/Schweifes erfasst. Damit ist die Beziehung und Nähe der beiden Personen auf subtilste Weise bereits angedeutet. Die sich erhebende Frau wirkt sehr lebendig und bewegt. Sie hat mit ihren ausgebreiteten Armen und den gespreizten Fingern etwas von einem Vogel, der seine Schwingen zum Flug ausbreitet. Die Heftigkeit ihrer Bewegung unterstreicht der Zeichner durch ein kleines Detail: Das neben ihr stehende Salbgefäss ist umgefallen – es ist nicht mehr nötig. Die Abwehrbewegung des Auferstandenen hingegen wirkt sehr verhalten; die erhobene Hand könnte auch als Segensgebärde gedeutet werden, was sie im tiefsten Sinne ja auch ist. Dass diese Frau sich aufmachen und für ihren geliebten Rabbi Zeugnis ablegen wird, das ist offensichtlich.

Durch die einfachen Federstriche beweist der Künstler, dass eine Botschaft nicht allein durch Wort oder Farbe oder Licht, sondern auch durch eine schlichte Linie übermittelt werden kann. Das bedeutet nicht nur letzte künstlerische Meisterschaft, sondern auch ein tiefstes und subtilstes Erfassen und Auslegen der Osterbotschaft selber.

Mit diesem letzten Werk zu Ostern und zur Gestalt der Maria Magdalena werden wir nochmals daran erinnert, dass die Ausstrahlung und Wirkung dieser Frau weder in ihrer Schönheit, noch in ihrer Erotik und auch nicht in einer devoten Bussfertigkeit liegt, sondern allein in ihrem Zeugnis für Ostern, und, wie hier in wenigen Linien aufgezeichnet, in ihrem Aufstehen fürs Leben! Damit hat der Maler und Zeichner des 17. Jahrhunderts einen unschätzbaren Dienst zu einem wahrhaftigen, lebendigen und subtilen Bild der Maria von Magdala geleistet.

Die Ehebrecherin: *in die Freiheit entlassen*

Verglichen mit den negativen Frauengestalten des Alten Testaments, Delila und Frau Potifar, bei denen das Böse – die Lüge, der Betrug, die Intrige, die Rache und der Verrat – markant und plastisch hervortritt, sind die «unheilen» Figuren des Neuen Testamentes differenzierter gezeichnet. Es ist derselbe Unterschied, den wir zwischen den «positiven» Gestalten der beiden Testamente festgestellt haben. Dies mag geschichtliche und schriftstellerische Gründe haben, aber bestimmt sind es auch weltanschaulich-religiöse, welche entscheidend mit der Person Jesu zusammenhängen. Es ist offensichtlich, dass den Frauen, durch die Augen des Menschenfreundes aus Nazaret gesehen, eine ganz andere Stellung und Bedeutung zukommt. Denn ihnen ist in der Begegnung mit seiner Person ganz deutlich die Chance zur Veränderung und Befreiung, auch aus inneren Zwängen, gegeben.

Wie empfindsam Rembrandt gerade diese Anliegen des Bergpredigers wahrnimmt, zeigt sich sehr eindrücklich in den Gemälden und Zeichnungen zu den beiden Frauengestalten der Ehebrecherin und der Samaritanerin am Brunnen. Wiederum geht es um das Thema der Freiheit, im Gegensatz zur äusseren, politischen aber um eine innere, persönliche Freiheit, welche freilich vehement soziale und gesellschaftliche Veränderungen zur Folge haben kann. Es wird sich daher lohnen, den Texten über diese beiden Frauen sowie deren theologisch-freiheitlichen Gehalt und Rembrandts Darstellungen dazu eingehend nachzugehen. Wenden wir uns zuerst dem sehr knappen Text über die Ehebrecherin zu:

Jesus und die Ehebrecherin *im Tempel*

Da bringen die Schriftgelehrten und die Pharisäer eine Frau, die beim Ehebruch ertappt worden ist, stellen sie in die Mitte und sagen zu ihm: Meister, diese Frau ist beim Ehebruch auf frischer Tat ertappt worden. Im Gesetz aber hat Mose uns vorgeschrieben, solche Frauen zu steinigen. Du nun, was sagst du dazu? Dies sagten sie, um ihn zu versuchen, damit sie einen Grund hätten, ihn anzuklagen. Jesus aber bückte sich und schrieb mit dem Finger auf die Erde. Als sie immer wieder fragten, richtete er sich auf und sagte zu ihnen: Wer unter euch ohne Sünde ist, werfe als Erster einen Stein auf sie! Und er bückte sich wieder und schrieb auf die Erde. Sie aber hörten es und entfernten sich, einer nach dem andern, die Ältesten voran, und er blieb allein zurück mit der Frau, die in der Mitte stand. Jesus aber richtete sich auf und sagte zu ihr: Frau, wo sind sie? Hat keiner dich verurteilt? Sie sagte: Keiner, Herr. Da sprach Jesus: Auch ich verurteile dich nicht. Geh, und sündige von jetzt an nicht mehr! (Joh 8,3–11)

Auf Ehebruch stand im alten Israel wie im ganzen Orient die Todesstrafe durch Steinigung. In Israel stützte sich diese Praxis auf das Gesetz des Mose (Ex 20,14 und Lev 20,10). Wie aus der Diskussion zwischen dem Rabbi aus Nazaret und den Pharisäern und Schriftgelehrten deutlich wird (vgl. Mt 5,27–32 und Mt 19,3–9), wurde – ebenfalls in Mose Namen – dieses Gesetz in seiner ganzen Härte nur auf die Frau angewendet. Der Mann erhielt grösseren Spielraum, indem er, wenn ihm die Frau nicht mehr gefiel, sie mit einem Scheidungsbrief entlassen konnte (Dtn 24,1). Dieses allgemein anerkannte Gesetz nehmen nun die Schriftgelehrten und Pharisäer zum Vorwand, um den verhassten Meister aus Nazaret zu überführen. Sie bringen eine auf frischer Tat ertappte Ehebrecherin zu Jesus in den Tempel und stellen ihm die Fangfrage: «*Du nun, was sagst du dazu?*»

Der Fall scheint eindeutig: Stimmt Jesus ihnen zu – und nach Brauch und Gesetz muss er es –, so haben sie im Tempel, an heiligem Ort, bewiesen, dass der Wanderprediger aus Galiläa hier fehl am Platz ist und sich ihrem Urteil beugen muss. Widersetzt er sich jedoch – wie sein allgemeines Verhalten es vermuten lässt –, so kann er leicht des Gesetzesbruches und der Gotteslästerung angeklagt werden, und die Gesetzes- und Moralhüter werden den Triumph haben, gleich zwei Schuldige auf einmal aburteilen zu können.

Die Szene, die sich nun abspielt, besticht durch ihre Knappheit und innere Dramatik. Äusserlich geschieht sehr wenig. Jesus schweigt zuerst einmal, dann bückt er sich und schreibt mit dem Finger auf den Boden. Als die Gelehrten und Sittenwächter aber weiter beharrlich in ihn dringen, richtet er sich auf und spricht einen einzigen Satz zu ihnen: *«Wer unter euch ohne Sünde ist, werfe als Erster einen Stein auf sie!»* (Joh 8,7). Daraufhin bückt er sich wiederum und schreibt weiter auf die Erde. Wie er sich schliesslich wieder aufrichtet, ist er allein mit der Frau. Alle sind sie hinausgegangen – niemand hat den ersten Stein geworfen, niemand hat sie verurteilt. Da sagt Jesus zu ihr: *«Auch ich verurteile dich nicht. Geh, und sündige von jetzt an nicht mehr!»*

Was hat sich nun eigentlich in dieser kurzen, stillen Szene zugetragen? Der Rabbi aus Nazaret hat ganz einfach an Herz und Gewissen der Richter appelliert. In diesem Zusammenhang ist es interessant, sich an ein Streitgespräch zum Thema «Ehe und Ehescheidung» zwischen Jesus und den Pharisäern zu erinnern, in welchem der Rabbi aus Nazaret auf dem *«alten Gesetz»* beharrt, welches die Unauflöslichkeit der Ehe für Mann und Frau erklärt (vgl. Mk 10,4–12 und Mt 19,3–9). Auf den Einwand der Pharisäer, dass Mose erlaubt habe, sich von der Frau zu scheiden, antwortet Jesus: *«Mose hat euch angesichts eurer Hartherzigkeit erlaubt, eure Frauen zu entlassen; doch ursprünglich ist es nicht so gewesen.»* (Mt 19,8). Vor diesem Hintergrund wird noch deutlicher, dass Jesu Appell an die Pharisäer nicht auf die äusseren Gesetze, sondern auf die innere Ebene zielt: auf das Empfinden, das Denken, Wünschen und Wollen. Denn hier, im Herzen, fangen Unrecht und Verbrechen an, was sich bereits am Beispiel Davids so offensichtlich zeigte: Schon in seinem Begehren von Batseba war das Verbrechen an ihrem Mann angelegt. Auf diesen Zusammenhang von Innerem und Äusserem verweist Jesus seine Mitmenschen vor allem in der Bergpredigt immer wieder: *«Richtet nicht, damit ihr nicht gerichtet werdet! Was siehst du den Splitter im Auge deines Bruders, den Balken in deinem Auge aber nimmst du nicht wahr?»* (Mt 7,1;3).

Die Pharisäer und Schriftgelehrten sind für diese Argumentation durchaus empfänglich, besonders hier an heiligem Ort. Das beweist ihr stilles Weggehen. Jesu innere Autorität muss schon sehr gross gewesen sein, dass die renommierten Gesetzeslehrer und -hüter sich darauf behaften liessen. Die Niederlage vor allem Volk werden sie ihm jedoch nie verzeihen, und umso grausamer werden sie sich später rächen.

Am Beispiel der Ehebrecherin demonstriert der Bergprediger in der Praxis, wie seine Theorie gemeint ist. Wie nun aber? Toleriert er die Sünde, den Betrug, den Ehebruch, indem er die Schuldige einfach laufen lässt? Das Wort an die Ehebrecherin weist in ganz andere Richtung. *«Sündige von jetzt an nicht mehr»* bedeutet, dass er die Sünde zwar verurteilt, nicht aber die Sünderin. Ihr gibt er eine neue Chance und entlässt sie, indem er nämlich mit ihr auf dieselbe Art verfährt wie mit den Richtern zuvor, indem er auch bei ihr an Herz und Gewissen appelliert. Was die Frau nun mit ihrer Freiheit machen wird, bleibt offen. Manches muss offen bleiben, wenn man sich nicht darauf versteift, das Böse zu bestrafen und auszurotten, sondern wenn, nach dem Motto des Berg-predigers, das Böse durch das Gute überwunden werden soll.

Mit der Freilassung der Ehebrecherin ist ein Anfang in eine ganz neue Rich-tung gemacht, was sowohl die Gesetzgebung und deren (ungerechte und heuch-lerische) Anwendung als auch die innere Einstellung zur Sache selbst betrifft. Die Entscheidung zum Schutz der Ehe und zur Treue muss im eigenen Herzen gefällt werden. Offen bleibt die Frage, wie weit wir es in diesem Lernprozess, den Jesus mit dem Beispiel der Ehebrecherin in Gang gesetzt hat, gebracht ha-ben oder noch bringen werden.

Rembrandts Gemälde: *«Du nun, was sagst du dazu?»*
Die Darstellung der Ehebrecherin ist in Rembrandts dunkelster Zeit, 1644, zwei Jahre nach dem Tod seiner Frau Saskia entstanden. Die ganz neue Malweise, die wir in Rembrandts Weihnachtsgemälden entdeckt haben, ist in diesem Bild nicht zu finden. Es ist, im Gegenteil, im alten barocken Stil gemalt. Das Geschehen spielt deutlich auf zwei Ebenen: Auf der oberen Ebene im Tem-pel wird vor dem goldenen Thron des Hohepriesters Gottesdienst gefeiert, wäh-rend auf der unteren die Gerichtsverhandlung gegen die Ehebrecherin statt-findet.

Das Licht fällt voll auf die zarte kniende Frau im weichen weissen Kleid. Um sie herum stehen lauter Männer: auf der rechten Seite die prächtig gekleideten Ankläger und Richter mit ihren attraktiven Turbanen und Baretts, auf der linken Seite Jesus mit seinen Jüngern in einfachen Gewändern und mit nackten Füssen. Auch hier lässt der Maler den Gegensatz der Situation spielen.

Trotz der vielen Menschen wirkt das Bild ruhig, es herrscht sogar eine angespannte Stille. Alle verharren in Schweigen, nur die Stimme des Anklä-gers, der zwischen der Frau und Jesus mit dem einen Fuss noch auf dem Trep-penabsatz der Frau und mit dem andern schon auf dem Podium von Jesus steht, ist zu vernehmen. Es sieht so aus, als habe er schon beim Hinaufsteigen mit seiner Rede begonnen, als könne er es kaum erwarten, die Antwort des Rabbi zu hören. Er ist in ein dunkles Gewand gekleidet, vor dem sein Gesicht und die Bewegung seiner Hände deutlich hervortreten. Während er sein Antlitz Jesus zuwendet, weist seine Rechte anklagend auf die Frau; mit der andern Hand zieht er ihr den Schleier vom Gesicht: wieder eines jener Details, mit denen der erzählende Maler eine Situation ganz subtil zu verdeutlichen weiss. Der Schleier wird weggezogen: Die Frau ist überführt, ihre Schuld aufgedeckt!

Die Gestalt Jesu, in seinem braunen Gewand und dem rotbraunen langen Haar weich vom Licht beschienen, wirkt im Gegensatz zum Kläger ruhig und gelassen. Rembrandt unterstreicht seine Würde und Überlegenheit noch dadurch, dass er ihn die andern Männer weit überragen lässt. Die linke Hand leicht auf die Brust gelegt, erweckt er den Eindruck aufmerksamen Zuhörens, während er sein Antlitz auf die kniende Frau richtet. So ist bereits sichtbar, wem seine Zuwendung gehört. Vielleicht will Rembrandt durch Jesu Gebärde schon auf die Richtung seiner Argumentation hinweisen: Was sagt denn eure innere Stimme dazu? Jesus hört die Frage des Anklägers und Richters: «*Du nun, was sagst du dazu?*» Und im nächsten Augenblick wird er sich bücken und auf den Boden schreiben.

Rembrandt gelingt es, dem würdevollen und ruhigen Bild gleichzeitig die höchste Spannung zu verleihen. Mit jedem Mittel bringt er das Gegensätzliche und Doppelbödige der Situation zum Ausdruck, eine gekonnte und raffinierte Art, die Betrachtenden bewusst und unbewusst mitten ins Geschehen hineinzuziehen. Und nie lässt er uns im Zweifel, wo diese Auseinandersetzung um Leben oder Tod stattfindet. Der heilige Ort ist durch die Ambiance der zart im Licht aufschimmernden Verzierungen, die sich in der Höhe verlieren, und durch die ins Gebet versunkenen Menschen auf der oberen Ebene aufs Schönste gekennzeichnet. Man ist versucht, sich zu fragen, ob eine solch feierliche Stimmung anders als auf barocke Weise erfasst werden kann und ob der Künstler des Themas wegen sich nicht ganz bewusst für das barocke Hochformat und die Holztafel entschieden hat.

Die ganze Art der Darstellung enthält die Fragen: Leben oder Tod? Beten oder Steine werfen? Hass oder Liebe? Unbarmherziges Gericht oder Vergebung und Gnade?

In diesem Licht betrachtet, bekommt das seltsam weisse Kleid der Ehebrecherin, über das wir uns vielleicht schon gewundert haben, da es wie ein Brautkleid wirkt, seine symbolische Bedeutung. Ich vermute, dass Rembrandt damit bereits auf den Ausgang des Geschehens hinweisen will: Diese Schuldig-gewordene wird begnadigt und zu einem neuen Leben befreit den heiligen Ort verlassen.

Die Geschichte von der Ehebrecherin ist ein wunderbares Beispiel der Be-freiung der Frau, und Rembrandt lässt uns eine subtile und ergreifende Aus-legung davon sehen.

Und schon jetzt kann man die Tendenz dieser neutestamentlichen Frauen-geschichte erkennen: Das Sündhafte und Schuldverstrickte ist keine starre, hoffnungslose Gegebenheit; das Negative ist veränderbar, das Böse – der Ehe-bruch und die heuchlerische Verurteilung der Frau – kann durch das Gute über-wunden werden.

Abb. 35: Die Ehebrecherin vor Jesus, um 1655.

Denselben Moment der Anklage wie im Gemälde von 1644 greift Rembrandt zehn Jahre später nochmals in einer Rohrfederzeichnung auf. Aber wie anders ist da die Stimmung! Auf den ersten Blick zeigt sich die grosse Bewegung und Dramatik, mit der die Ehebrecherin vor Jesus gebracht wird. Rembrandt hat das Breitformat gewählt, doch auch so vermag die Darstellung die vom rechten Rand Herbeiströmenden nicht zu fassen. An der Haltung der Frau ist noch ersichtlich, dass sie in Eile hergezerrt worden ist. Wie im Gemälde packt der Ankläger mit der einen Hand ihren Schleier, mit der andern Hand jedoch – und das ist ein deutlicher Unterschied zum Gemälde – weist er mit fast überlangem Zeigefinger auf Jesus. Damit hebt der Künstler deutlich hervor, wem letztlich die Anklage gilt. An der Person des Rabbi von Nazaret prallt allerdings die ganze Hektik ab. Seine Ruhe und Gelassenheit sind auch bei dieser Darstellung entscheidend. Sie wird gespiegelt in der aufmerksam hinter ihm stehenden Jüngergruppe. Nicht mehr ins Gewicht fällt die ganze feierliche Atmosphäre des Tempels. Rembrandt arbeitet hier mit der Dramatik des Geschehens selbst und nicht mit der Stimmung wie im Gemälde. Die Zeichnung bietet sich von ihrem Wesen her eher fürs Bewegte als fürs Stimmungsmässige an. Es ist interessant, die feinen Unterschiede und die verschiedene Betonung einer Szene zu beobachten, je nachdem ob gemalt oder gezeichnet, ob das Hoch- oder das Breitformat gewählt wird.

Abb. 36: Jesus schreibt in den Sand, 1658/59.

Einen weiteren Moment des Geschehens hält Rembrandt ungefähr drei Jahre später nochmals in einer Federzeichnung fest. Das mag ein Hinweis dafür sein, wie wichtig ihm dieser Bibeltext geworden ist. In dieser Zeichnung gelingt es Rembrandt, die grosse Spannung und Konzentration zu veranschaulichen, welche Jesu Niederbücken und Schreiben auf die Erde bei allen Beteiligten auslöst. Dass er bei aller Texttreue nicht der Sklave seiner eigenen Vorstellung ist, zeigt sich in dieser Zeichnung darin, dass er die Ehebrecherin nun stehen lässt. Wenn er sie hier auch kniend darstellen würde, wäre die ganze Intensität des Auf-die-Erde-Schreibens abgeschwächt.

Was bewirkt nun diese Darstellung inhaltlich und theologisch? Eindeutig wird damit Jesu Appell an die Selbstreflexion verstärkt. Ankläger, Richter, Tempel- und Gottesdienstbesucher, Leserinnen des Textes und Betrachter der Zeichnung werden auf ihr eigenes Herz, auf ihr eigenes Empfinden, Denken und Wollen verwiesen. Dadurch wird der Raum der Befreiung ausgeweitet; es geht nicht mehr nur um die Schuldige und ihre Befreiung, sondern ebenso sehr um die Befreiung der «Mitbeteiligten», nämlich um deren Befreiung von Vorurteilen, Härte, Gesetzlichkeit und Intoleranz und um deren Freiheit zur Selbsteinsicht, zu Toleranz und Empathie mit der Sünderin. Damit hat Rembrandt nochmals den Finger auf das Entscheidende dieser Begebenheit gerichtet: auf das Emanzipatorische, auf die Freiheit zu einem neuen Denken und Empfinden.

Die Samaritanerin am Brunnen:
gestillter Lebensdurst

Das Geschick einer weiteren Frau aus dem Johannesevangelium hat Rembrandt über zwei Jahrzehnte in Atem gehalten. Zwischen 1634 und 1658 versucht er immer wieder neu, das, was in Johannes 4 berichtet wird, mit Pinsel und Stift nachzuzeichnen. Wieder geht es, wie schon bei Maria Magdalena, um den Schritt vom Materiellen zum Geistigen. Und diesen Lernprozess, den Johannes minutiös beschreibt, versucht Rembrandt auf immer differenziertere Weise aufzuzeigen. Darin wird spürbar, dass das, was mit dieser Frau geschieht, auch zu einem Lernprozess für den Maler selber wird und dadurch auch für diejenigen, welche sich intensiv mit seinen Darstellungen beschäftigen. Wie wir schon öfters festgestellt haben, greift Rembrandt gerne zu Stichel und Stift, wenn er ein Thema vertiefen will. So ist sowohl die erste wie die letzte Darstellung der Samaritanerin am Brunnen eine Radierung.

Um Rembrandts Darstellungen in ihrer Tiefe und Subtilität zu begreifen, ist es auch bei dieser Gestalt nötig, genau auf den biblischen Text zu achten. Denn es geht Rembrandt hier mehr noch als bei andern Themen um das Sichtbarmachen eines inneren, geistigen Prozesses, welcher beispielhaft bei dieser Frau stattfindet.

Die Frau am Brunnen und die *Theologie vom lebendigen Wasser*

Die Begegnung zwischen Jesus und der Samaritanerin am Brunnen wird, wie die Episode mit der Ehebrecherin, nur von Johannes erzählt. Der Text, der mit der einfachen Situation beginnt, dass Jesus von der Wasser schöpfenden Frau am Jakobsbrunnen zu trinken verlangt, stellt sich bei näherer Betrachtung als ein wahres theologisches Kunstwerk heraus. Um dies aufzuschlüsseln, ist es hilfreich, dem Text Schritt für Schritt nachzugehen.

Erste Szene: Jesus ist mit seinen Jüngern auf dem Weg von Jerusalem in seine Heimat Galiläa. Dabei müssen sie das karge Bergland von Samaria durchqueren. Es ist Mittag, und die Jünger sind in die nahe gelegene Stadt Sychar gegangen, um etwas zu essen zu kaufen. Jesus bleibt am Jakobsbrunnen zurück und bittet eine Frau, die dort in der Mittagshitze Wasser schöpft: *«Gib mir zu trinken!»* (Joh 4,7). Das wäre weiter nicht ungewöhnlich, wenn nicht Jesus ein Jude und die Frau eine Samaritanerin wäre, denn Juden und Samaritaner verkehren nicht miteinander. Obwohl der Ort altes historisches Gelände ist – die Frau wird im Gespräch den Brunnen Jakobs erwähnen –, werden die Samaritaner von den aus dem Exil zurückgekehrten Juden nicht mehr als echte Volksgenossen akzeptiert, weil sich die zurückgebliebene Bevölkerung mit den heidnischen Neuansiedlern vermischt und dabei auch manche ihrer religiösen Bräuche angenommen hat. So wurde den Samaritanern zum Beispiel verwehrt, beim Neubau des Tempels in Jerusalem mitzuhelfen, worauf sie auf dem Berg Garizim einen eigenen bauten. Mit der Bitte um Wasser also bricht Jesus ein herrschendes Tabu. Die Aufmerksamkeit und das Misstrauen der Frau sind geweckt.

Zweite Szene: Wo Wasser ist, da ist Leben, und wo Leben ist, da finden Begegnungen und Gespräche statt. Das kommt in dieser Geschichte sehr schön zum Ausdruck. Worum es dem Rabbi aus Nazaret geht, kommt sofort zur Sprache. Auf den Einwand der Frau antwortet Jesus, indem er ihr *«lebendiges Wasser»* (Joh 4,10) anbietet. Sie wiederum empfindet dies als Provokation. Einmal hat er ja kein Schöpfgefäss, und dann scheint er ihren Brunnen nicht zu respektieren, der doch auf den gemeinsamen Urvater Jakob zurückgeht, also ein geheiligter Ort ist. Auf ihren Einwand bietet Jesus nochmals seine Gabe an mit der Erklärung, dass es sich um besonderes Wasser handle, welches ewiges Leben schenke. Aber die Frau missversteht ihn jetzt noch auf ganz andere Weise. Wenn dieser seltsame Mann also eine Art Wunderrabbi und Zauberer ist, warum sollte sie nicht profitieren, damit sie den beschwerlichen Weg zum Brunnen gar nicht mehr gehen müsste? Sie versteht Jesu Angebot rein materiell und bittet ihn, ihr von diesem Wasser zu geben.

Dritte Szene: Indem Jesus vom persönlichen Leben der Frau zu sprechen beginnt, um sie zur Selbsterkenntnis zu führen, geschieht nun der eigentliche Schritt zum Geistigen. Durch seine Aufforderung, ihren Mann zu holen, muss die Frau zugeben, dass sie keinen Mann hat, sondern mit verschiedenen Männern in sexueller Beziehung steht, also einen etwas anrüchigen Lebenswandel pflegt. Dass der Fremde ihre ganz persönliche Lebenswunde, ihren persönlichen «Lebensdurst» aufdeckt, erstaunt sie sehr und öffnet ihr die Augen für ihr Gegenüber und für das, was er anbietet. *«Herr, ich sehe, du bist ein Prophet!»* (Joh 4,19). Das Sehen ihrer eigenen Person befähigt sie, auch seine Person zu orten. Es ist äusserst eindrücklich zu erleben, wie sich aus der persönlichen Betroffenheit nun wie von selbst das Interesse am Geistigen herausschält. Das Gespräch wendet sich nun der Streitfrage zwischen Juden und Samaritanern nach dem rechten Ort der Gottesanbetung zu. Und auch hier macht der Wanderprediger mit dieser Frau den Schritt vom Materiellen, vom geografischen Ort Jerusalem oder Garizim, zum Geistigen: *«Gott ist Geist, und die zu ihm beten, müssen in Geist und Wahrheit beten»* (Joh 4,24).

Damit ist die Erzählung zu ihrem theologischen Kern gelangt. Über den konkreten Durst und seine materielle Befriedigung (*«Gib mir zu trinken!»*) kommt Jesus auf den inneren Lebensdurst zu sprechen, den die samaritanische Frau zunächst einmal in einem ausschweifenden Sexualleben zu befriedigen versucht. Durch sein Verhalten und seine Worte ermöglicht ihr Jesus, hinter der materiellen Durstbefriedigung ihre tiefe Sehnsucht nach dem Göttlichen und Ewigen zu erkennen. Durch den «Hebammendienst» Jesu wird die geistige Dimension ihrer Bedürfnisse freigelegt. In dieser Befreiung zum Wesentlichen spiegelt sich in der samaritanischen Frau der Prozess, den der Gottessohn für alle seine Freunde anstrebt. Das Entscheidende dabei ist, dass die Wahrheit über sich selbst zur Wahrheit über Gott führt. Die Selbsterkenntnis führt zur Gotteserkenntnis und umgekehrt, denn ohne den göttlichen Funken im Herzen kommt es nicht zur echten, schonungslosen Selbstwahrnehmung. Es ist dies der Prozess, der sich ähnlich schon im Alten Testament an der Person des Königs David vollzogen hat. Und es ist auch der Evangelist Johannes, der uns das Wort Jesu über den Zusammenhang von Wahrheit und Freiheit tradiert: *«… die Wahrheit wird euch frei machen»* (Joh 8,32).

Durch diesen Lernprozess wird für die Samaritanerin und diejenigen, die mit ihr lernen, in der Person des Messias der Quell des lebendigen Wassers entdeckt (*«Ich bin es, ich, der mit dir spricht.»* Joh 4,26). und das Tor geöffnet zu einer neuen Gemeinschaft und einer freien, unbegrenzten Gottesbeziehung.

Vierte Szene: Und trotzdem findet keine Verflüchtigung ins Spirituelle statt. Denn was als Folge dieser geistigen Geburt geschieht, ist äusserst konkret. Die Frau, überwältigt von dem, was mit ihr da am Brunnen geschehen ist, lässt ihren Wasserkrug stehen, eilt in die Stadt, um mit den Einwohnern zu Jesus, zum verheissenen Messias, zurückzukehren. Nachdem die Frau zum Dialog mit dem Messias gefunden hat, findet sie ihn auch wieder zu den Mitmenschen und bildet mit ihnen eine neue Gemeinschaft. Es entsteht «Kirche», würde Calvin wohl sagen.

Und die Freude Jesu über die Rettung dieses einen verlorenen Schäfleins ist so gross, dass er zu essen vergisst und im Geiste bereits die grosse Ernte sieht: das wunderbare Reich des Vaters, wo Gott alles in allem sein wird.

Die samaritanische Frau ist eine Art Vorläuferin der Maria Magdalena, welche, von Jesus ebenfalls aus Krankheit und Verwirrung befreit, zur Apostelin und Stifterin einer neuen, geistigen Gemeinschaft mit dem Auferstandenen wird. Beiden Frauen hat Rembrandt mit Stichel, Feder und Pinsel zahlreiche Darstellungen gewidmet und damit ein Hauptanliegen der Reformation – Befreiung aus inneren und äusseren Zwängen – lebendig erhalten.

«Das lebendige Gespräch *am lebendigen Wasser»* (1634)

So könnte diese erste Radierung Rembrandts zum Thema bezeichnet werden. Jesus sitzt locker auf dem Brunnenrand, er wirkt sehr lebendig. Mit einer

dramatischen Gebärde wendet er sich der Frau zu, welche die Kette ergriffen hat, um Wasser zu schöpfen. Er bietet ihr sein lebendiges Wasser an: *«Kenntest du die Gabe Gottes und wüsstest, wer es ist, der zu dir sagt: Gib mir zu trinken, so würdest du ihn bitten, und er gäbe dir lebendiges Wasser.»* (Joh 4,10).

Die rechte Hand Jesu ist erhoben, während sein linkes Bein mit dem wippenden Fuss in der Luft schwebt und sein Angebot gleichsam unterstreicht. Es sind die Verse 10–12 des Textes, welche der Radierer hier in eindrückliche Körpersprache übersetzt.

Abb. 38: Christus und die Samariterin, 1634.

Die Frau hält im Schöpfen inne, sodass die Kette in ihrer Hand einen lockeren Bogen zum Krug beschreibt. Sie mustert überrascht und misstrauisch den jüdischen Mann. Sie überlegt und stellt in seinem Anerbieten einen Widerspruch fest: Woher will er das Wasser holen, da er ja gar kein Schöpfgefäss hat! Oder will er etwa gar den ehrenwerten Brunnen des Urvaters Jakob schlecht machen? Rembrandt lässt sie in ihrer Haltung und in ihrem Gesichtsausdruck Zurückhaltung, Misstrauen, aber auch gesunden, kritischen Menschenverstand demonstrieren.

Im Hintergrund der Radierung ist die monumentale Architektur der Stadt Sychar erkennbar, welche an die venezianische Kunst des 16. Jahrhunderts erinnert. Rembrandt besass laut dem Versteigerungskatalog von 1656 Darstellungen von Giorgione zum Thema.

«Lebensdurst und *Selbsterkenntnis*» (1648/49)

Im Blickpunkt dieser Zeichnung befindet sich nun die Frau (vgl. Abb. 39). Mit ihrer auf den Brunnenrand gestützten Faust und dem ins Leere gerichteten konsternierten Blick wirkt sie wie erstarrt. Der Rabbi sitzt unterhalb von ihr; an seiner erhobenen Hand und dem gesenkten Blick erkennen wir, dass er seine Rede beendet hat und nun auf eine Antwort wartet. Seine Haltung ist abwartend ruhig. Er lässt der Frau Zeit. Was jetzt in ihrer Seele geschieht, ist entscheidend.

Offensichtlich ist die Frau betroffen von dem, was der jüdische Mann zu ihr gesagt hat und wie er mit dem Aufruf: *«Geh, rufe deinen Mann …!»* (Joh 4,16) ihre ganze Vergangenheit und jetzige verfehlte Situation mit verschiedenen Männern und doch keinem Ehemann aufgedeckt hat. An ihrer Haltung und ihrem Gesichtsausdruck spürt man, wie sie sich der Wahrheit über sich selber schmerzlich bewusst wird und zur Selbsterkenntnis kommt. Hat ihr Leben denn nicht noch einen andern Inhalt? Allmählich erkennt sie auch ihr Gegenüber. Mit *«Ich sehe, dass du ein Prophet bist!»* wird sie im nächsten Augenblick das Gespräch wieder aufnehmen.

Der Hintergrund mit den zurückkehrenden Jüngern ist nur in wenigen Strichen skizziert; er ist hier nicht von Bedeutung. Was hingegen in der Seele der Frau geschieht, ist wichtig. Auf unnachahmliche Weise hat Rembrandt damit die Situation in den Versen 16–18 erfasst.

Auf dem Weg zur *Gotteserkenntnis* (1655)

Mit seinen warmen, dunklen, samtenen Farben mutet dieses Gemälde an wie eine Hommage an die venezianische Malerei (vgl. Abb. 37). In dieser ausge-

Abb. 39: Christus und die Samaritanerin am Brunnen, 1648/49.

wogenen, harmonischen Darstellung des Gesprächs am Brunnen hat sich die
Hektik gelegt und einer grossen Ruhe und Gelassenheit Platz gemacht. Beide
Gesprächspartner haben denselben verinnerlichten, nachdenklich-visionären
Ausdruck im Gesicht. Es ist offensichtlich, dass sie in ein geistliches Gespräch
vertieft sind. Die Frau hat die Frage aufgeworfen, wo wohl der rechte Ort zur
Gottesanbetung sich befinde: in Jerusalem oder auf dem Berge Garizim? Zwar
scheint «der Prophet» in einem ersten Argument Jerusalem den Vorzug ein-
zuräumen, was Rembrandt durch seine Handbewegung andeutet, doch nur,
um dem Gedanken eine andere Richtung zu geben. Denn der rechte Ort ist

kein geografischer, sondern ein geistiger: Gott will in «*Geist und Wahrheit*» (Joh 4,23) angebetet werden! Jesu Gesichtsausdruck weist darauf hin, dass er gerade diese Erkenntnis ausgesprochen hat. Und die Frau, nun aufmerksam ihrem Gesprächspartner zugewandt, denkt intensiv darüber nach. Gleich wird sie einen Schritt weiterkommen und sagen: «*Ich weiss, dass der Messias kommt, den man den Gesalbten nennt; wenn jener kommt, wird er uns alles kundtun.*» (Joh 4,25).

Rembrandt malt hier auf wunderbare Weise den theologischen und psychologischen Inhalt des Textes und zeigt, dass dort, wo Selbsterkenntnis stattgefunden hat, auch die Achtsamkeit für Gott und für den Mitmenschen wächst.

Auf dem Gemälde sind die zurückkehrenden Jünger, die Gebäude und Bäume im Hintergrund nur schatten- und silhouettenhaft angedeutet. Die Aufmerksamkeit wird ausschliesslich auf Jesus und die Samaritanerin gelenkt und die Betrachtenden werden dadurch in die geistig-visionäre Atmosphäre des Geschehens mit einbezogen.

Offenbarung und *Gotteserkenntnis (1658)*

Mit dieser Radierung (vgl. Abb. 40) setzt Rembrandt den Text und das Gemälde von 1655 fort. Die sehr genaue, bis ins Detail sorgfältig ausgearbeitete Radierung weist darauf hin, dass es hier um den entscheidenden Augenblick des Geschehens geht. Die Radierung hält den Offenbarungs- und Erkenntnismoment von Joh 4,26 fest, wo, nachdem die Frau auf das Kommen des Messias hingewiesen hat, Jesus sich ihr offenbart: «*Ich bin es, ich, der mit dir spricht.*»

Jesus steht nun. Leicht über den Brunnen gebeugt legt er die Hand aufs Herz. Sein Blick ist in weite Fernen gerichtet, wie um anzudeuten, dass das, was hier zwischen ihm und der samaritanischen Frau geschieht, für die ganze Geschichte der Menschen von Bedeutung sein wird. Mit einem weiteren kleinen Detail unterstreicht der Radierer nochmals geschickt das Offenbarungsmoment. Der jüdische Rabbi hat nämlich das Oberkleid ausgezogen und auf die Mauer hinter sich gelegt: Er gibt sich der Frau als derjenige zu erkennen, der er in Wahrheit ist.

Dieser Augenblick ist der Höhepunkt des Gesprächs zwischen Jesus und der Samaritanerin, der Schnittpunkt, das Scharnier gleichsam zwischen Selbst- und Gotteserkenntnis. Wo das geschieht, kommt der Mensch zur Ruhe und zum Frieden, zur Festigkeit und Freiheit auch, was in der stillen, aufrechten Haltung der Frau sehr schön zum Ausdruck kommt. Der Wasserkrug, der am An-

Abb.40: Christus und die Samariterin, 1658.

fang so wichtig war, dient ihr jetzt als Stütze für ihre Arme. Ihr Gesicht liegt im Schatten ihres langen Haares, und es ist nicht genau erkennbar, wohin sie blickt – nach innen wohl, was der Aussage des Textes entspricht. Dass ihre Ruhe und Stille keine Friedhofsstille ist, wird die Fortsetzung beweisen, denn wo ein Mensch zur Selbst- und Gotteserkenntnis gelangt, da steht die Geschichte nicht still, da ist Leben und nicht Tod, wie in der Begegnung von Maria Magdalena mit dem Auferstandenen. Wie diese wird die samaritanische Frau zu ihren Volksgenossinnen eilen, um ihnen zu verkünden, was mit ihr durch Jesus geschehen ist.

Auffallend in dieser Radierung ist die sehr sorgfältige und detaillierte Ausarbeitung des Hintergrundes: der Weg mit den zurückkehrenden Jüngern, die Landschaft mit den Bäumen und die Häuser und Türme der Stadt. Auf den Gesichtern der Jünger spiegelt sich deutlich die Verwunderung darüber, dass sich ihr Rabbi mit einer Frau, dazu noch mit einer samaritanischen, in ein Gespräch einlässt.

Diese zeichnerische Genauigkeit holt für die Betrachtenden das Visionäre des Gemäldes von 1655 in die Realität zurück. Das Geschehen geht weiter, und bald werden sich auf Betreiben der Frau hin die Leute aus der Stadt auf den Weg machen, um selber den Messias zu sehen und zu hören. Auch die Schlusstendenz des Textes, die Aussicht auf das Wachsen des Gottesreiches, ist bereits darin enthalten.

In dieser Radierung erleben wir, wie aufmerksam und theologisch genau Rembrandt einem Text nachgeht und wie exakt er ihn nachzuzeichnen und zu deuten versteht: wahrlich auch ein exegetisches Kunstwerk!

«Ich bin es»: *zur Theologie des Johannes*

Im Grunde genommen zeichnet Rembrandt mit seinen Darstellungen der Begegnung zwischen Jesus und der samaritanischen Frau ein entscheidendes Spektrum der Theologie des Johannes nach. Der Evangelist Johannes ist nicht nur der Theologe der schönsten und eindrücklichsten Frauengestalten des Neuen Testaments (Maria Magdalena, die Samaritanerin, Maria und Marta von Betanien); er ist auch derjenige, welcher – im Gegensatz etwa zu Markus, bei dem Jesus seine Messianität eher verborgen hält – das ganze Heilsgeschehen in der Person Jesu am konzentriertesten zur Sprache bringt. Und zwar offenbart bei Johannes Jesus in entscheidenden Momenten sich selbst mit den Worten: Ich bin es!

Bei Johannes finden sich diese «Ich-bin»-Worte auffallend häufig. Ich bin es, auf den ihr wartet und nach dem ihr euch sehnt, sagt er zur Samaritanerin. Dabei begründet Jesus seine Messianität nicht, sondern sie erweist sich, indem er da ist, seine Zeichen tut und indem er sie ausspricht, also im Wort «Ich bin es!». Das entspricht ganz dem Eingang des Evangeliums, dem berühmten Hymnus vom Wort, das Fleisch wird (vgl. besonders Joh 1,14: *«Und das Wort, der Logos, wurde Fleisch / und wohnte unter uns, / und wir sahen seine Herrlichkeit ...»*). Wort und Fleisch sind in der Person Jesu identisch. Wer sein Wort hört, seine Zeichen sieht, erkennt und glaubt, der hat das Leben selbst erkannt und ergriffen. Die einzige Hilfe, die Jesus zu diesem Erkennen und Glauben bietet, sind Bilder und Symbole aus dem Lebensalltag der Menschen, welche er seinem «Ich bin» zufügt. Im ganzen Evangelium tauchen diese Bilder regelmässig wie Lichtpunkte oder wie Quellen auf.

Nach dem Eingangshymnus erscheint als erstes das Bild vom «lebendigen Wasser». Was dieses Symbol bedeutet, wird in der Begegnung mit der samaritanischen Frau klar. Dadurch, dass die Frau in Jesus das lebendige Wasser erkennt, findet sie wahres Leben und Freiheit. In der Gefahr des Wassers hingegen, in der Erzählung vom Sturm auf dem See Genzaret , schreitet Jesus über das Wasser und ruft seinen furchtsamen Jüngern zu: *«Ich bin es, fürchtet euch nicht!»* (Joh 6,20).

Diese beiden Erzählungen, denen die symbolischen Eigenschaften des Wassers, seine lebensspendende und lebensgefährliche Kraft zugrunde liegen, sind erzählende, narrative Theologie. In der christlichen Kirche ist dies im Sakrament der Taufe aufgenommen, in der Bedeutung des Untertauchens/Untergehens mit Christus und des Neu- und Freiwerdens in seiner Auferstehung. Der Apostel Paulus nennt es auch das «Anziehen von Christus» (Gal 3,27) oder das «Gleichgestaltetsein seinem Bilde» (Röm 8,29).

Als weiteres «Ich-bin»-Wort folgt auf das Zeichen der Speisung der Fünftausend das Bild vom Lebensbrot: *«Ich bin das Brot des Lebens … und das Brot, das ich geben werde, ist mein Fleisch, für das Leben der Welt. Wer mein Fleisch isst und mein Blut trinkt, bleibt in mir und ich in ihm.»* (Joh 6,35;51;56).

Das entsprechende Sakrament zu diesem Bild ist das von Jesus selbst gestiftete Abendmahl als immer gegenwärtiges und wiederholbares Zeichen für die lebendige Gemeinschaft mit ihm. Johannes allerdings hat keinen Bericht über die Stiftung des Abendmahls, an seiner Stelle steht bei ihm die Erzählung über Jesu Liebesdienst der Fusswaschung (Joh 13). Auch hier finden wir ein verborgenes «Ich-bin»-Wort, indem Jesus zu den Jüngern sagt: *«Ihr nennt mich Meister und Herr, und ihr sagt es zu Recht, denn ich bin es.»* (Joh 13,13).

Für die lebendige Gemeinschaft mit Christus findet sich bei Johannes in den Abschiedsreden auch das eindrückliche Bild vom Weinstock: *«Ich bin der Weinstock, ihr seid die Reben. Wer in mir bleibt und ich in ihm, der bringt viel Frucht, denn ohne mich könnt ihr nichts tun.»* (Joh 15,5).

Dies, zusammen mit Jesu Aussage über das Essen seines Fleisches und das Trinken seines Blutes und mit dem Weinwunder an der Hochzeit zu Kana, entspricht inhaltlich dem, was die Kirche im Abendmahl feiert.

Ein weiteres Bildwort folgt im Anschluss auf die Episode mit der Ehebrecherin, in welchem sich Jesus als *«das Licht der Welt»* (Joh 8,12) bezeichnet. In diesem Zusammenhang setzt sich Jesus mit der fragwürdigen Rechtsprechung der Pharisäer und Schriftgelehrten auseinander. Es ist jedoch mehr gemeint, als dass Jesus Licht in die dunklen Machenschaften der Mächtigen bringt, sondern er selbst ist das wahre Licht, das zur Erleuchtung und Erlösung der Menschen in die Welt gekommen ist, wie es schon im Anfangshymnus des Johannesevangeliums formuliert ist. Dies ist wohl das Bild, welches am treffendsten das Heilsgeschehen in seiner Person beschreibt: *«Ich bin das Licht der Welt. Wer mir nachfolgt, wird nicht in der Finsternis umhergehen, sondern das Licht des Lebens haben.»* (Joh 8,12).

Was der Evangelist Johannes in seinem Licht-Wort initiiert, hat Jahrhunderte später der Reformator Johannes Calvin in seinem theologischen Werk voll zum

Leuchten gebracht. Der zentrale Gedanke: «Wo Gott nicht durch seinen Geist Licht schafft, bleibt alles im Dunkel!» (Institutio II 2,21; auch IV 14,6 u. a.) zieht sich durch sein ganzes Werk. Erkenntnis, Offenbarung, Weisheit und Wahrheit (auch die Gleichsetzung von Wahrheitsfindung und Gerechtigkeit) sind an die innere Erleuchtung durch Gottes Geist gebunden. Wie für die äussere Schöpfung das Licht das erste Schöpfungswerk ist, so ist das Licht des Heiligen Geistes es für Seele und Verstand. Ohne dieses innere Licht findet kein Mensch zur Erkenntnis und zum Glauben.

Auf dem Hintergrund der Lichtsymbolik im Johannesevangelium und in der Theologie Calvins erscheint das Werk Rembrandts wie deren malerische und zeichnerische Umsetzung. Rembrandt ist es, wie keinem Maler sonst, gelungen, dieses spirituelle Licht darzustellen. Wir erinnern uns vor allem an seine Weihnachts- und Osterbilder.

In Kapitel 10 des Johannesevangeliums folgen in Anlehnung an den Arbeitsalltag des Volkes im Gleichnis von der Tür und vom guten Hirten zwei weitere Bildworte. Der Hirt geht durch die Tür zu den Schafen hinein, die ihn kennen und ihm folgen; wer aber anderswo hineinsteigt, ist ein Dieb und Räuber, und die Schafe fliehen vor ihm. So kann für die, die an ihn glauben, nur Jesus die Tür sein, welche zum Heil führt. *«Ich bin die Tür. Wenn jemand durch mich hineingeht, wird er gerettet werden und wird ein- und ausgehen und eine Weide finden ... Ich bin der gute Hirt. Der gute Hirt setzt sein Leben ein für die Schafe.»* (Joh 10,9;11). Dass das Wort vom guten Hirten nach dem bekannten Psalm 23 formuliert ist, betont für die Zuhörer das Alltägliche und Vertraute; gleichzeitig weist aber Jesus auf sein Ende, also auf den Preis der Rettung hin. Damit erhalten diese fast friedlichen Bildworte eine harte letzte Konsequenz. Und dies sowohl im Blick auf das Werk des Erlösers wie auch für diejenigen, welche sich für oder gegen ihn entscheiden. Diese Bilder stehen also gleichsam im Scharnier des Heilsgeschehens und weisen bereits auf Tod und Auferstehung des wahren «Hirten» hin. Von jetzt an geht es ums Ende und Endgültige des Lebens. In der Erzählung des Evangeliums halten sich nun Berichte über Anschläge und Tötungsabsicht der Pharisäer und die Verheissungen Jesu über seinen Tod hinaus die Waage.

Die beiden «Ich-bin»-Worte in diesen Kapiteln handeln denn auch von geistigen Werten und sind eindeutige Appelle an den Glauben: *«Ich bin die Auferstehung und das Leben.»* (Joh 11,25) und *«Ich bin der Weg und die Wahrheit und das Leben»* (Joh 14,6). Das erste spricht Jesus im Zusammenhang mit der Auferweckung des Lazarus zu Marta, welche ihm mit der traurigen Botschaft entgegeneilt, dass ihr Bruder Lazarus gestorben sei. Jesus reagiert darauf mit dem Wort: *«Ich bin die Auferstehung und das Leben. Wer an mich glaubt, wird leben, auch wenn er stirbt, und jeder, der lebt und an mich glaubt, wird in Ewigkeit nicht sterben.»* (Joh 11,25–26). Gleich anschliessend fragt er Marta nach ihrem Glauben, bezeichnenderweise also noch vor der Auferweckung des Toten. Marta antwortet darauf mit dem eindrücklichen Christusbekenntnis: *«Ja, Herr, jetzt glaube ich, dass du der Christus bist, der Sohn Gottes, der in die Welt kommt.»* (Joh 11,27). Eine feministische Kritik sei hier erlaubt. Leserin und Leser mögen selber entscheiden, ob das Bekenntnis der Marta dem Bekenntnis des Petrus (Joh 6,69 und Mt 16,16) nicht ebenbürtig ist. Und doch hat die Kirche einseitig das Gewicht auf das Bekenntnis des Mannes gelegt. Allerdings muss zugegeben werden, dass das Marta-Bekenntnis in den synoptischen Evangelien fehlt und nur vom frauenfreundlichen Johannes überliefert wird.

Das Weg-Wort findet sich am Anfang von Jesu Abschiedsreden, in denen er die Jünger auf sein Heimgehen zum Vater und auf ihre zukünftige Beziehung zu ihm als dem Auferstandenen vorbereitet. Auch dieses Bildwort steht unter dem Appell des Glaubens und zudem unter der Verheissung des Beistandes des Heiligen Geistes, der an Jesu statt den Jüngern geschenkt werden wird. Im Wortlaut heisst es: *«Ich bin der Weg und die Wahrheit und das Leben; niemand kommt zum Vater, es sei denn durch mich. Wenn ihr mich erkannt habt, werdet ihr auch meinen Vater erkennen. Von jetzt an kennt ihr ihn, ihr habt ihn gesehen.»* (Joh 14,6–7).

Sehr deutlich wird von Johannes herausgestellt, dass für die Jünger die entscheidende Grundlage für die zukünftige Gemeinde der Glaube ist. Das Vertrauen und die Hingabe an die Person des Auferstandenen ist das Movens für die Kirche. An seiner Person hängt ihr Sein oder Nichtsein. Es entspricht dem Aufbau und der Logik des ganzen Evangeliums, dass das Bildwort über die neue Beziehung zwischen Jesus Christus, dem Vater und der Gemeinde, also das Bildwort vom Weinstock den Abschluss der Lebensworte bildet. Da ich das Wort vom Weinstock jedoch schon im Zusammenhang mit dem Brot-Wort (und dem Abendmahl) behandelt habe, sei nur noch auf einen Schwerpunkt hingewiesen: Deutlicher als im Brot-Wort kommt hier die ganze Beziehung der Dreiheit von Jesus Christus, Gott Vater und Gemeinde zur Geltung, besonders in der Einleitung und Fortsetzung zum Bildwort, wenn Jesus sagt: *«Ich bin der wahre Weinstock, und mein Vater ist der Weinbauer. Jede Rebe an mir, die nicht Frucht bringt, nimmt er weg, und jede, die Frucht bringt, reinigt er, da-*

mit sie noch mehr Frucht bringt.» (Joh 15,1–2). In der Fortsetzung stellt er nochmals diese Dreiheit her, wenn er sagt: *«Nicht ihr habt mich erwählt, sondern ich habe euch erwählt und dazu bestimmt, dass ihr hingeht und Frucht bringt und dass eure Frucht bleibt, damit euch der Vater gibt, worum ihr ihn in meinem Namen bittet.»* (Joh 15,16).

Zusammenfassend können wir festhalten: Alle acht Bildworte bei Johannes sind Symbole für das Leben und das Lebensnotwendige. Sie alle sind die Antwort auf die Fragen und Sehnsüchte der Menschen nach wahrem Leben und Sein, nach Ewigkeit und der Einheit mit Gott. Und alle sind sie an die Gabe gebunden, die Jesus Christus durch sich selbst anbietet. Es gibt keinen andern Weg zu ihm als er selbst. Wer an Jesus, den Messias, glaubt, dem werden Lebenswasser, Himmelsspeise, ewiges Licht, Wahrheit, Freiheit und ewiges Leben zuteil. Glaube manifestiert sich nicht durch aussergewöhnliche Leistungen, sondern bedeutet, seine ganze Existenz in diejenige von Jesus Christus zu legen. Wer in seinem Wort bleibt, der wird die Wahrheit erkennen und diese wird ihn frei machen.

Ich denke, diese Einsicht ist nicht nur an theologisches Denken gebunden, ebenso wohl kann es das Auge eines Künstlers oder irgendeines Menschen sein, der sie entdecken und in seinem Leben zum Strahlen bringen kann. Kehren wir deshalb zu Rembrandts Darstellungen von der Samaritanerin zurück.

Ebenfalls aus dem Jahre 1658 sind zwei Federzeichnungen erhalten, welche den Schluss des Textes (Joh 4,26–42) nochmals thematisieren.

Die Samaritanerin *erkennt den Messias (1658)*

Diese Federzeichnung im Breitformat hält den Moment kurz nach den sich offenbarenden Worten Jesu fest: *«Ich bin es, ich, der mit dir spricht.»* Die Frau hat «erkannt» und bezeugt durch ihre kniende, aber trotzdem aufrechte Haltung ihre Anerkennung und Verehrung, aber auch ihre neue Freiheit und Selbstsicherheit. Aus einer gehemmten, misstrauischen, moralisch angeschlagenen Frau ist in der Begegnung mit dem Rabbi von Nazaret eine freie, selbstbewusste Frau geworden.

Mittels einiger Federstriche versteht es der Künstler, das innerlich-geistige Geschehen auszudrücken. Jesus ist von einem gezackten, leicht angedeuteten Lichtschein umgeben, welcher auf die Gegenwart des Heiligen und Geistigen hinweist. Dieser sternförmige Lichtglanz ist eine Erfindung Rembrandts, sein Geist-Symbol. Was ältere Maler mit dem Lichtkreis, dem Heiligenschein aus-

Abb. 41: «Ich bin es, ich, der mit dir spricht.», um 1658.

drücken, das gestaltet Rembrandt vollkommen frei; er kann auf das geistige
Geschehen, das Erleuchtetsein auch nur mit einem einzelnen Strahl oder einer
Linie hinweisen. Namentlich auf den Osterdarstellungen ist der sternförmige
Glanz öfters anzutreffen. Ein Merkmal des rembrandtschen Geist-Symbols ist
hier besonders eindrücklich: nämlich die Dynamik und die grosse Energie, die
diese Art der Darstellung beinhaltet. Das kraftvolle, bewegte Licht trifft auch
die Kniende, denn Jesus hat sich ihr offenbart, sodass sie zum rechten Glauben gefunden hat. Empfangend streckt sie auf Rembrandts Zeichnung die rechte Hand aus, wie um das lebendige Wasser entgegenzunehmen. Mit dem einfachen Stilmittel wird ein höchst spirituelles Geschehen ausgedrückt.

Wie schon in der Federzeichnung von 1648 ist auch hier der Hintergrund
nur angedeutet. Wichtig ist der Strom der Menschen, welcher sich von der
Stadt her auf den Ort der Erkenntnis zu bewegt und der auf diese Weise das
Wachsen des Gottesreiches symbolisiert.

Gotteserkenntnis und *Selbsterkenntnis für alle (1658)*

Auch diese Zeichnung wirkt leicht hingeworfen und skizzenhaft. Von den äusseren Dingen sind einzig der Brunnen – er symbolisiert den Bezug zur Vergangenheit und zur Verheissung an die «Väter» – und der Aufstieg zu ihm markiert. Die linke Seite der Zeichnung ist angefüllt mit Menschen, während die rechte nur die erhobene und frei stehende Gestalt Jesu enthält, welche auch hier von einem strahlenden, leicht gezackten Schein umgeben ist. Dadurch wirkt die Person Jesu wie entrückt, obwohl die Menschen zu ihr drängen. Die Gottessohnschaft und Messianität Jesu wird dadurch eindrücklich hervorgehoben.

Zu Füssen Jesu lagern die Jünger, die ironischerweise mit Alltäglichem beschäftigt sind: Sie essen nämlich. Rembrandt erinnert damit an den Text, wo erwähnt wird, dass sie sich wundern, dass ihr Rabbi nicht essen will und zu ihnen sagt: *«Meine Speise ist es, den Willen dessen zu tun, der mich gesandt hat, und sein Werk zu vollenden.»* (Joh 4,34). Im Geiste sieht Jesus dieses Werk und freut sich über die vielen gewonnenen Mitarbeiterinnen und Mitarbeiter. Aber wie schon so oft haben seine Jünger im Moment dafür kein Auge und kein Ohr. Eng um ihren Meister geschart, merken sie vom eigentlichen Geschehen wieder einmal nichts; sie sind zu sehr mit dem Materiellen beschäf-

Abb. 42: Gottes- und Selbsterkenntnis, um 1658.

tigt. Nicht ohne Humor versteht Rembrandt diese Episode in seiner Zeichnung festzuhalten.

Zwischen der Jüngergruppe und den heraneilenden Stadtbewohnern kniet eine Frau, wohl die Samaritanerin, welche zum Bindeglied zwischen den noch Unwissenden und den scheinbar «Wissenden» geworden ist. Hunger und Durst nach dem Geistigen kennzeichnen im Gegensatz zu den Jüngern die herbeiströmende Menge, und sie bitten Jesus, bei ihnen zu bleiben. Zur Frau, welche sie mobilisiert hat, werden sie sagen und bezeugen: *«Wir glauben nicht mehr auf deine Aussage hin, denn wir selbst haben ihn gehört und wissen, dass dieser wirklich der Retter der Welt ist.»* (Joh 4,42).

Fazit

Mit der Samaritanerin hat Rembrandt uns in seinen Zeichnungen, Radierungen und im Gemälde eine vorbildhafte und unvergessliche Frauenfigur vor Augen gestellt und aktualisiert. Ihr Weg, ihre Erkenntnis, ihre Freiheit und ihr neues Selbstbewusstsein und Engagement sollen bestimmt nicht nur Bewunderung wecken, sondern mehr noch Ermutigung und Ansporn auf dem Weg der Emanzipation sein.

Auf ganz andere, scheinbar säkulare Weise hat Rembrandt das Anliegen der Selbsterkenntnis und Selbstreflexion in der langen Reihe seiner Selbstporträts zur Sprache gebracht, bis hin zu der berühmten Selbstdarstellung als Apostel Paulus, in der Selbsterkenntnis und Gotteserkenntnis schliesslich zusammenfallen.

Wenn wir auf die von Rembrandt dargestellten Frauengestalten zurückblicken, dann können wir feststellen, dass es immer um eine Befreiung – also um ein Frei-Sein *von* etwas und um eine Freiheit *zu* etwas Neuem hin – geht. Die Ehebrecherin wird rein äusserlich vom Todesurteil, von enger, hartherziger und heuchlerischer Gesetzlichkeit befreit. Sie wird aber auch innerlich von Jesus freigesprochen von ihrer Schuld. Und damit wird sie freigegeben zu einem neuen Leben in eigener Verantwortlichkeit (*«Geh, und sündige von jetzt an nicht mehr!»*).

Bei der Frau am Jakobsbrunnen ist die Sache komplizierter und verschlungener. Sie wird zur Selbstreflexion und Selbstannahme geführt. Im Gespräch mit Jesus wird sie frei von ihrer einseitigen Fixierung auf die Sexualität; sie wird auch befreit von ihren Rassenvorurteilen. Ihr innerstes geistiges und religiöses Streben und Sehnen wird freigelegt, und so wird sie offen für ein integ-

res und soziales Leben. Sie wird in Zukunft nicht mehr allein in der Mittagshitze Wasser schöpfen, sondern sie wird es in der Abendkühle in Gemeinschaft
mit den andern Frauen der Stadt tun.

III. Frauen in Rembrandts *Leben und Werk*

Frauen in Rembrandts *Leben und Werk*

Bei der Betrachtung von Rembrandts biblischen Frauenporträts ergibt sich ein erstaunlich vielseitiges und differenziertes Frauenbild. Allen Figuren gemeinsam ist eindeutig ein emanzipatorischer Aspekt, was dem Grundanliegen des Alten wie des Neuen Testaments entspricht, die Menschen aus äusseren und inneren Zwängen zu befreien. An Gestalten wie denjenigen Susannas, Batsebas, der Ehebrecherin und der Samaritanerin zeigt sich, wie eng der Weg in die Freiheit mit ihrer Sexualität verbunden ist. Rembrandt entwickelt für diese Zusammenhänge eine geradezu moderne Affinität. Dies liegt wohl nicht allein an seiner hervorragenden Beobachtungsgabe und an der Sensibilität für die Botschaft der Bibel, sondern auch an seinem persönlichen Schicksal. Dem Zusammenhang von Rembrandts persönlichen Beziehungen mit seinem Künstlertum nachzugehen ist besonders aufschlussreich, da er in beidem nicht den Moralvorstellungen seiner Zeit entspricht. Ausser den Eintragungen im Kirchenregister und den Gerichtsakten über die Auseinandersetzung mit seiner Haushälterin Geertghe Dircx existiert als Quelle dafür nur sein künstlerisches Werk.

Das Leitbild *der Mutter*

Wie schon in der Bildbetrachtung der Bibel-Leserin festgestellt, ist für Rembrandt das erste und entscheidende Frauenbild dasjenige der Mutter, und zwar nicht nur der Mutter als Spenderin und Fürsorgerin des werdenden Lebens, sondern mehr noch als wachsamer Erzieherin und Vermittlerin menschlicher, religiöser und sozialer Werte. Dass Rembrandt seine Mutter als Prophetin darstellt, entspricht dem freiheitlichen Geist der Reformation und weist auf eine neue, gesellschaftlich relevante Rolle der Mutter hin. Aber gerade in der Kirche gerät dies bald wieder in Vergessenheit. Rembrandt jedoch hält an diesem emanzipatorischen Moment sein ganzes Werk hindurch fest. Noch als Fünfzigjähriger erinnert er sich in der Darstellung von Asenat, der Mutter der beiden Josefssöhne, an diese Rolle der Frau. Und Ester stellt er als verantwortlich handelnde Politikerin eines ganzen Volkes dar, ohne deren gescheite und mutige Intervention, für die sie nicht zuletzt ihre erotisch-sexuellen Reize einsetzt, ein ganzes Volk zugrunde gegangen wäre.

In seinem persönlichen Leben übernimmt, nach seinem totalen finanziellen Ruin, seine zweite Lebenspartnerin Hendrickje Stoffels als Inhaberin des «rembrandtschen Kunsthandels» diese Mutterrolle in sozialer und ökonomischer Hinsicht für die Familie.

Entdeckung von Eros
und Sexualität

Erst durch die Heirat mit Saskia wird für Rembrandt das Weibliche zum Thema. Die wundervollen Porträts seiner jungen Frau zeugen von der Entdeckung
des Erotischen. Verschiedene Male porträtiert er seine Ehefrau auch als «Flo-
ra», das heisst als Symbol des Weiblichen und der Fruchtbarkeit schlechthin
(vgl. Abb. 44).

Das Staunen über den Reiz und die Kraft der Sexualität illustriert jedoch
am deutlichsten das Gemälde der Danae. Es ist, wie später das Batseba-Gemälde, ein Aktbild mit historischem Hintergrund. Eine Erzählung aus dem
griechischen Altertum berichtet, wie dem König von Argos durch ein Orakel
der Tod durch seinen Enkel prophezeit wird. Um diesem Schicksal zu entge-
hen, sperrt der König seine Tochter Danae in einen streng bewachten Turm,
damit kein Mann zu ihr gelangen kann. Zeus jedoch gelangt als Goldregen zu
Danae, und sie gebärt ihm den Sohn Perseus.

Typisch für Rembrandt ist, dass er nun ein Aktbild malt und sich doch als
«Historienmaler» treu bleibt. Danaes Körper, halb aufgerichtet auf dem Bett,
drückt Erwartung aus, welche durch das der Lichtquelle zugewandte Antlitz
und die danach ausgestreckte rechte Hand noch verstärkt wird. Wie später im

Abb. 44: Saskia, um 1633/34.

Batseba-Gemälde unterstreicht der Künstler das Geschehen durch eine zweite, «dienende» Person, welche hier in aufmerksam beobachtender Haltung den Vorhang zurückzieht. Der mit gefesselten Händen über dem Bett weinende Amor soll wohl gleichzeitig die Gefangenschaft der Frau und ihre Sehnsucht

Abb. 45: Maria Trip, 1639.

nach dem Liebesakt sowie ihre Bereitschaft dazu ausdrücken. Die eilig und acht-
los abgestreiften Schuhe unterstreichen die dramatisch gespannte Situation.
Dass der Historienmaler mit solch kleinen, subtil aufglänzenden Details geschickt die Aussage seiner Darstellung zu verstärken weiss, ist in vielen seiner

Werke zu beobachten. Bezeichnenderweise stellt Rembrandt den Goldregen nicht als Regen, sondern als Licht dar, welches auf dem Körper der Frau sehr weiche samtene Schatten entstehen lässt. Durch dieses Licht wird der sexuelle Akt noch weiter «entmaterialisiert». Will der Maler damit ausdrücken, dass die Sexualität ähnlich geheimnis- und kraftvoll und lebensspendend ist wie das Licht? Jedenfalls hat er ein überzeugendes malerisches Mittel gefunden, das Überwältigende, Ganzheitliche und gleichzeitig Dialogische der Sexualität einzufangen. Rembrandts Danae übertrifft an Dramatik die Venus von Tizian, welche ihm möglicherweise als

Abb. 46: Selbstbildnis mit Mütze und Goldkette, 1633.

Vorbild diente. Nicht nur der Körper der Frau, sondern der ganze Raum samt seinen Gegenständen, ja selbst die im Licht schimmernde Luft, sind erotisch geladen. Beim Betrachten dieses Gemäldes kommt man nicht umhin, daran zu denken, dass diese Kraft der Sexualität auch ihre Kehrseite hat: das Gewaltsame, Aggressive, Zerstörerische, wie es der Künstler in späteren Bildern, der zweiten Fassung der Susanna, der Batseba und Lukretia ebenso eindrücklich zur Sprache bringen wird.

Die Entdeckung von Eros und Sexualität im Eheleben mit Saskia zeitigt noch in anderer Hinsicht malerische Früchte, denn von nun an haben auch die im Auftrag gemalten Frauenporträts bedeutend mehr Charme. Ein schönes Beispiel dafür ist das Porträt der Maria Trip, welches durch seine Klarheit, Feinheit und Differenziertheit besticht (vgl. Abb. 45).

Einen richtiggehend humorvollen Akzent bringt das Weibliche in das zu Rembrandts Zeit traditionelle Sujet der Schützenkompanie. In der «Nachtwache» (Schützenkompanie des Frans Banning Cocq) bilden die kleinen Gestalten der Marketenderinnen eine lichte Gegenbewegung zur aufbrechenden Männergesellschaft (vgl. Abb. 47). Eine Händlerin, die Blickkontakt zu den Bildbetrachtern sucht, trägt deutlich die Züge Saskias. Der Reiz dieses

Abb. 47: Die Marketenderin in der Nachtwache (Ausschnitt), 1642.

berühmten und viel besprochenen Bildes liegt nicht zuletzt in diesen kleinen, den kriegerischen Aufbruch durchbrechenden, hellen sanften Gestalten.

Zusammenfassend kann wohl gesagt werden, dass das Erotische auch ein spielerisches Element in Rembrandts Bilder bringt.

Liebe und *Tod*

Es ist nun bittere Ironie des Schicksals, dass das Jahr der Fertigstellung der «Nachtwache» auch zum Todesjahr für die junge Saskia wird. Eine Radierung aus dem Jahr 1639, «Das Ehepaar und der Tod», spricht bereits von den Vorahnungen, Ängsten und Erfahrungen der jungen Eheleute. Ein Paar schreitet froh voran, der Mann mit der Malermütze, die Frau, reich gekleidet, mit einer Rose in der Hand. Doch vor ihnen sitzt bereits der Tod und hält ihnen das Stundenglas entgegen.

Was die höchste Wonne in der Beziehung von Frau und Mann bedeutet, kann auch das Leben kosten. Diese bittere Wahrheit bekommen Saskia und Rembrandt recht bald zu spüren. Hart werden sie um die Früchte ihrer Liebe gebracht; ein Kind nach dem anderen stirbt: 1636 Rumbertus, 1638 Cornelia, 1640 die zweite Tochter, die wiederum den Namen von Rembrandts Mutter Cornelia erhalten hat. Das vierte Kind endlich, Titus, geboren 1641, überlebt als einziges – um den Preis des Lebens seiner Mutter, welche sich von den Folgen der Geburt nicht mehr erholt.

Aussergewöhnlich ist dieses Schicksal für die damalige Zeit nicht. Nicht nur war die Kindersterblichkeit gross, auch das Leben der Mütter war extrem gefährdet. Erst die moderne Medizin ermöglichte den Frauen ein geschützteres und freieres Sexualleben.

Rembrandts Leid über den Tod Saskias ist so gross, dass er kaum noch Aufträge annimmt. Radiernadel und Pinsel jedoch legt er nicht weg. Ein Selbstbildnis als Radierung von 1648 spricht auf ergreifende Weise von seiner Trauer und Einsamkeit. In seinen Weihnachtsbildern zeigt sich, wie er sich in seinem
Leid innerlich immer mehr einem andern als dem äusseren Licht zuwendet.
Die Frucht dieses inneren Schmerzes und Kampfes ist eindeutig die Radierung
des so genannten «Hundertguldenblattes», in der Rembrandt zur Gestalt und
Botschaft des Messias findet.

Abb. 49: Selbstbildnis, zeichnend am Fenster, 1648.

Sexualität und *Schuld*

Wenn man meint, Rembrandt habe nun, dem Vorbild eines Paulus und Jesus von Nazaret folgend, zu einer ausschliesslich spirituellen Liebe gefunden, so täuscht man sich allerdings und rechnet nicht mit der vitalen Kraft menschlicher Sexualität. Es zeichnet sich nun in Rembrandts Leben eine Seite des Geschlechtstriebes ab, den die Kirchen nicht ganz zu Unrecht als «dämonisch» bezeichnen (vgl. Karl Barth KD IV,3), und der ohne Zweifel inhumane und sogar kriminelle Aspekte aufweisen kann.

Der Beginn der Liebesbeziehung mit der Haushälterin Geertghe Dircx ist durchaus nachvollziehbar. Die Kinderfrau seines Söhnchens Titus wird seine Geliebte und er schenkt ihr – was sich in der Folge verhängnisvoll auswirken wird – den kostbaren Schmuck Saskias. Die Gerichtsakten über den Streit mit Geertghe Dircx zeigen den Maler nicht gerade in einem günstigen Licht und beweisen einmal mehr, wie die Leidenschaften im Menschen sowohl zum Guten wie zum Bösen ausschlagen können. Ausser möglicherweise einer lavierten Federzeichnung von 1643, existiert von Geertghe Dircx kein Bildnis. Die Beziehung zu ihr erfährt eine dramatische Wende, nachdem sie nach einer Krankheit, während der sie ein Testament zugunsten von Titus verfasst, in Hendrickje Stoffels eine junge Hilfe ins Haus bekommt. Rembrandt scheint sich sofort in die junge 22-jährige Frau verliebt zu haben; jedenfalls verlässt

Abb. 50: Geertghe Dircx, um 1643.

Geertghe Dircx das Haus. Rembrandt bietet ihr eine Abfindung von 150 Gulden und eine jährliche Rente von 160 Gulden an. Geertghe lehnt dies jedoch ab und klagt beim Gericht für Ehestreitigkeiten und Beleidigungen, wo sie entweder die Heirat oder eine Rente verlangt. Rembrandt erscheint nicht vor Gericht, sondern lässt notariell einen Vertrag vorlegen, in welchem er «berühmter Maler» genannt wird, Geertghe hingegen eine mittellose Amme, deren ganzer Besitz im Hause Rembrandts erworben sei. Ferner macht Rembrandt zur Bedingung, dass die Rente nur dann ausgerichtet werde, wenn das Testament für Titus aufrechterhalten und nichts von dem geschenkten Schmuck verpfändet werde. Es stimmt nachdenklich, zu sehen, wie diesem doch so «bibelfesten» Künstler nun der Mammon zum Fallstrick wird. Geertghe Dircx ist mit dem Vorschlag nicht einverstanden, und Rembrandt muss der dritten Vorladung des Gerichtes schliesslich Folge leisten. Dort legt er seinen Vertrag vor, worauf das Gericht weitgehend zu seinen Gunsten entscheidet, die Rente jedoch auf 200 Gulden erhöht. Eine schlimme Wendung nimmt das Ganze, als Rembrandt vernimmt, dass seine ehemalige Haushälterin und Geliebte einen Ring Saskias verpfändet habe. Gnadenlos geht er nun gegen sie vor, sammelt Material gegen sie (wegen unseriösen Lebenswandels!) und bringt es so weit, dass sie schliesslich ins Frauenzuchthaus von Gouda überstellt wird. Eilfertig schiesst er die Transportkosten vor, welche weder sie noch ihr Bruder bezahlen können. Gegen seinen Widerspruch wird 1655 von Freunden ihre Freilassung erwirkt. Leider ist die Affäre damit noch nicht beendet. Als Rembrandt 1656 in finanzielle Bedrängnis gerät und ihm das Schuldgefängnis droht, erinnert er sich der 160 Gulden Transportkosten und treibt sie bei Geertghes Bruder ein, der für den Betrag haftet. Da der Bruder das Geld nicht aufbringen kann, kommt dieser ins Schuldgefängnis. Das Verhalten Rembrandts gleicht jenem des unbarmherzigen Schuldners aus dem Gleichnis Jesu, dem die Schuld vom grossmütigen König erlassen wird, der jedoch seinen eigenen Schuldner um eines kleinen Betrages willen ins Gefängnis werfen lässt (Mt 18,21ff). Rembrandts Hartherzigkeit wirkt aus unserer Warte schockierend. Ist dies derselbe Mann, der mit dem «verlorenen Sohn» die berühmten Bilder der Vergebung radieren und malen wird? Sein Beispiel zeigt aufs Deutlichste, wie es um die Menschen bestellt ist, die sich in Bedrängnis befinden und wie da selbst ein ansonsten sensibles, künstlerisches Genie nicht gefeit ist vor menschlicher Enge, Schwäche und Selbstgerechtigkeit. Die «Hartherzigkeit», welche Jesus den Pharisäern zum Vorwurf macht, ist nicht nur ein Phänomen aus alter Zeit. Somit wird Rembrandt selbst zum Beispiel des «sündigen, gnadenbedürftigen

Menschen», auf den die Reformatoren solches Gewicht legen. In seiner Affäre mit Geertghe Dircx geht der «berühmte Maler» den Weg des verlorenen Sohnes. Aber es fragt sich, ob er ohne dieses existenzielle Erleben von Schuld überhaupt je zum Maler der Vergebung hätte werden können. Dass Rembrandt den Weg des verlorenen Sohnes bis ans Ende, das heisst, bis in die vergebende Umarmung des Vaters gegangen ist, das zeigen seine späten Gemälde auf ergreifende Weise (vgl. die Bilder «Die Heimkehr des verlorenen Sohnes» 1666/69 und «Die Lobpreisung Simeons» 1666/69, Abb. 57).

Nicht von ungefähr beschäftigt sich Rembrandt nun über Jahre mit Stift, Stichel und Pinsel mit der Ehebruchgeschichte des Königs David, welche in dem berühmten Bild der Batseba ihren Höhepunkt findet. Dass dabei Batseba die Gesichtszüge seiner neuen Lebenspartnerin Hendrickje trägt, deutet darauf hin, dass er in der schonungslos ehrlichen Erzählung aus dem Alten Testament eine Parallele und Lehre für das eigene Leben sieht. In den Erzählungen der Bibel findet der reformierte Mensch sein Spiegelbild und die Möglichkeit zur Verarbeitung seiner eigenen Geschichte: ein «psychotherapeutischer» Weg, den bereits der Prophet Natan mit seiner Lamm-Parabel und dann vor allem der Rabbi von Nazaret mit seinen Gleichnissen angeboten haben.

In der Affäre mit Geertghe Dircx ist Rembrandt mit der rücksichtslosen und zerstörerischen Seite seiner eigenen Sexualität konfrontiert worden. Ich denke, dass diese negative Selbsterfahrung des Künstlers sich in den Darstellungen der Susanna, der Batseba sowie der geschändeten und sich erdolchenden Lukretia niedergeschlagen hat.

Dass Rembrandt das Thema Gewalt und Vergewaltigung in einem noch grösseren Zusammenhang sieht, zeigt das merkwürdige Bild des geschlachteten, seiner Eingeweide und Fortpflanzungsorgane beraubten Ochsen, welches zur selben Zeit wie das Batseba-Gemälde entstanden ist.

Abb. 51: Der geschlachtete Ochse, 1655.

Freiheit und Sexualität:
Partnerschaft von Frau und Mann

Mit Hendrickje Stoffels darf Rembrandt eine neue beglückende Partnerschaft erleben. Die Frau mit den Perlen- und Samtaugen inspiriert den Maler wie einst Saskia zu zahlreichen Werken. Rembrandt findet in der Lebensgemeinschaft mit ihr nach Jahren der Not und Verwirrung zu neuer menschlicher und künstlerischer Tiefe und Integrität, welche auch den ökonomischen und gesellschaftlichen Tiefschlägen standhält. Zwar verunmöglicht Saskias Testament eine Legalisierung des Verhältnisses von Hendrickje und Rembrandt. Im Falle einer Wiederverheiratung Rembrandts nämlich sollte die Hälfte von Saskias Vermögen an ihre Verwandten zurückfallen. Da Rembrandt in den Jahren nach Saskias Tod schlecht wirtschaftet und auch kaum Aufträge annimmt, ist für ihn eine zweite Heirat unmöglich. Was eine weniger starke Beziehung zu Fall gebracht hätte, scheint jedoch die ihre gestärkt zu haben, denn durch alle Anfeindungen und ökonomischen Schwierigkeiten hindurch halten die beiden in bewundernswerter Treue zueinander. In diesem Beispiel echter Partnerschaft und Freiheit bekräftigt Rembrandt nochmals das von ihm überlieferte Lebensmotto: «Nicht Ehre suche ich, sondern Freiheit!»

Abb. 53: Hendrickje Stoffels an der geöffneten Tür, um 1656/57.

Als Hendrickje 1654 ein Kind erwartet, wird sie vor den Kirchenrat zitiert. Der vierten Vorladung leistet sie schliesslich Folge und muss sich dort selbst «der Hurerei mit Rembrandt dem Maler» bezichtigen. Sie wird bestraft und vom Tisch des Herrn ausgeschlossen. Dieses Beispiel zeigt deutlich, dass sexuelle Verfehlungen hauptsächlich der Frau angelastet wurden. Die kurz danach geborene Tochter Cornelia jedoch wird in der Oude Kerk getauft und Rembrandt im Kirchenbuch als Vater eingetragen. Dies darf wohl auch als ein Beispiel dafür gelten, dass eine verantwortliche individuelle Praxis oft der Gesetzgebung vorausgeht. In den Jahren von Rembrandts Bankrott zwischen 1654 und 1660 zeigt Hendrickje erneut charakterliche und psychische Stärke, indem sie als Reaktion auf den vollständigen Ruin zusammen mit dem Stiefsohn Titus den rembrandtschen Kunsthandel mit dem Exklusivrecht auf Rembrandts Arbeiten eröffnet, um so den Maler mit seiner Familie vor weiteren Zugriffen der Gläubiger zu schützen. Das Ganze geht jedoch nicht spurlos an Hendrickje vorüber: Auch sie wird krank und stirbt jung, mit 36 Jahren.

Die Erfahrung dieser Partnerschaft begleitet den alternden Maler bis an sein Lebensende. Wie hätte er sonst Jahre nach Hendrickjes Tod im Gemälde von «Isaak und Rebekka» (vgl. Abb. 55) das Bild vollkommener Liebe und Harmonie malen können!

Zusammenfassend kann man wohl sagen, dass Rembrandts Beziehung zu den Frauen in allen Lebensabschnitten sein künstlerisches Werk prägt. Ganz besonders die biblischen Frauenfiguren erhalten auf diese Weise eine äusserst starke Ausdruckskraft und Lebendigkeit. Rembrandts aus den realen Beziehungen herausgewachsene Sensibilität ermöglicht ihm, die Integrität einer Susanna, die verzweifelte Resignation der Batseba oder die stille Daseinskraft der Mutter der Josefssöhne, aber auch den leuchtenden Mut und die Solidarität einer Ester glaubwürdig und wirklichkeitsnah zu malen. Auch die eher symbolhaften Frauengestalten des Neuen Testaments erhalten ihre Stärke und Lebendigkeit aus den alltäglichen Erfahrungen heraus. Die Übergänge vom Realen, Konkreten und Alltäglichen zum Bild- und Symbolhaften und Spirituellen sind fliessend. In gewissem Sinne spiegelt sich in Rembrandts Werk das Verhältnis eines reformierten Menschen zum Alltäglichen und Spirituellen, zur Bibel und zum gelebten Alltag.

IV. Sexualität in *Kirche und Gesellschaft*

Sexualität in *Kirche und Gesellschaft*

Rembrandts Lebensweise, namentlich seine freie Verbindung mit Hendrickje Stoffels, widersprach den gängigen Moralvorstellungen von Kirche und Gesellschaft. Aus geschichtlicher Sicht muss die Kirche an erster Stelle genannt werden, denn über Jahrhunderte prägten kirchliche Vorstellungen von Sexualität, Ehe und Familie die Gesellschaft. Schon im Alten Testament wird deutlich, dass die Beziehung von Mann und Frau – und damit die kleinste Zelle menschlicher Gemeinschaft – grosse Relevanz für das Volksganze hat. Deshalb wirkt das öffentliche Leben verpflichtend und korrigierend in die intimste menschliche Verbindung hinein. Bis heute sind so persönliche, kirchliche und gesellschaftliche Wertvorstellungen mannigfach ineinander verwoben.

In Bezug auf das Zusammenleben von Mann und Frau lieferte die Kirche im Modell der Monogamie und der lebenslänglichen Bindung (Treue) einen erfolgreichen Grundstein für die Gesellschaft. Sie ist auch eine bewährte Einrichtung zum Schutz der heranwachsenden Kinder als den zukünftigen Gliedern einer Gemeinschaft.

Gleichzeitig muss aber auch gesagt werden, dass sowohl der katholischen wie der protestantischen Kirche eine moralisch-patriarchalische Engführung anzulasten ist, was sich ja auch und gerade in ihrem Einschreiten gegen Rembrandts freie Verbindung mit Hendrickje sehr deutlich manifestiert. So ist es leider eine Tatsache, dass die Kirche, obwohl sie von ihren Wurzeln her für die Freiheit von Mann *und* Frau einstehen müsste, oft zum Hemmschuh für die Emanzipation der Frau wird, was in der Geschichte der Kirche leicht aufzudecken ist.

Erstaunlich ist, dass im Alten Testament trotz seiner patriarchalen Struktur recht unbefangen mit der Sexualität umgegangen wird. Ein schönes Beispiel dafür finden wir in Salomos Hohelied der Liebe, in der Mann und Frau im Dialog die Anziehungskraft des andern Geschlechts besingen. Diese Dichtung ist voller erotischer Bilder, welche bestimmt nicht nur symbolisch zu verstehen sind, wie manche Theologen das gerne sehen möchten.

Der Schöpfungsauftrag an Mann und Frau lautet: «*Seid fruchtbar und mehrt euch …*» (Gen 1,22), denn es geht ja darum, die Erde zu «bevölkern». Kinder, viele Kinder sind die Zukunft eines Volkes. Fruchtbarkeit ist für das alte Israel das Zeichen des göttlichen Segens. Rembrandt hat dies bereits im Gemälde vom Jakobssegen herausgestellt. Vielehe ist erlaubt – die israelitischen Könige besitzen einen ganzen Harem – und Kinderlosigkeit ist für eine Frau ein schwerer Makel und Grund für ihren Mann, sie mit einem Scheidungsbrief wegzuschicken.

Diese patriarchalische Gesellschaftsordnung hat nun allerdings eine interessante Kehrseite: Da das Gebären von Kindern so wichtig ist, gewinnt die Frau ihrerseits an Bedeutung, und nicht selten ist sie die heimliche Regentin, wie wir es an Sara, der Frau Abrahams, oder an Rebekka, welche die entscheidende Rolle in der Segensübermittlung an Jakob spielt, beobachten können. So gehört es zum Schicksal vieler biblischer Männer, dass ihre patriarchalische Rolle durch die Frauen immer wieder in Frage gestellt und durchkreuzt wird.

Obwohl Polygamie erlaubt war, finden sich schon im Alten Bund starke Ansätze zur Monogamie. Auch wenn sie dort noch selten praktiziert wird, ist ihre grosse Bedeutung schon angelegt, begründet nämlich im Verhältnis Israels zu seinem Gott. Im Gegensatz zur Vielgötterei der Israel umgebenden Völker kämpfen Israels Propheten für den Monotheismus, nicht zuletzt mit dem Bild des Ehebundes (vgl. bes. Hosea). Monotheismus und Monogamie entsprechen sich. Es ist nur eine Frage der Zeit, die Geistigkeit und Bedeutung der Beziehung Israels zu seinem Gott im Bild der monogamen Ehe in die gesellschaftliche Praxis umzusetzen.

Im Neuen Testament, namentlich durch das Beispiel des Jesus von Nazaret, erfährt die Beziehung von Mann und Frau eine weitere subtile Entwicklung. Jesus ist nicht verheiratet; er hat auch keine sehr enge Bindung an seine Familie. Bewusst hat er sich für die Ehelosigkeit entschieden. In einem Rätselwort an seine Jünger begründet er seine Haltung: «*Denn es gibt Eunuchen, die von Geburt an so waren, und es gibt Eunuchen, die von Menschen zu solchen gemacht wurden, und es gibt Eunuchen, die sich um des Himmelreiches willen selber zu solchen gemacht haben. Wer das fassen kann, fasse es!*» (Mt 19,12). Sein Verzicht auf die Ehe beruht aber nicht auf einer Geringschätzung der Frauen. Gerade Frauen umgeben ihn bis zuletzt und seine Beziehung zu Maria Magdalena entbehrt durchaus nicht der Erotik, wie die Begrüssungsszene am Ostermorgen durchscheinen lässt (Joh 20,16). In der Diskussion mit den Pharisäern über die Ehescheidung votiert der Rabbi von Nazaret jedoch radikal zugunsten der Unauflöslichkeit der Ehe, die er in der ursprünglichen Schöpfungsordnung verankert sieht: «*Also sind sie nicht mehr zwei, sondern sie sind ein Fleisch. Was nun Gott zusammengefügt hat, soll der Mensch nicht scheiden.*» (Mk 10,8–9). Mit diesem Votum ergreift der Rabbi auch ganz bewusst Partei für die Frau, welche nicht, wie der Mann, das Recht zur Scheidung in Anspruch nehmen kann. Und in der Szene mit den Pharisäern und der Ehebrecherin deckt er die Doppelbödigkeit und Heuchelei der Sexualmoral seiner Umgebung auf: Man bekämpft am andern, was man in sich selbst fürchtet und ablehnen muss.

Somit finden wir bei Jesus eine doppelte Aussage: einerseits eine radikale Bejahung der monogamen Ehe, andererseits die Freiheit der Entscheidung für die Ehelosigkeit. Auch bei den Aposteln finden wir diese beiden Varianten. Der Apostel Paulus plädiert für die Ehelosigkeit. Angesichts des nahen Endes gibt es für ihn weder Raum noch Zeit für die Ehe. Paradoxerweise ist jedoch der erste Papst der Kirche, der Apostel Petrus, verheiratet!

Leider wurde nun schon sehr früh in der Geschichte der Kirche diese jesuanische und paulinische Freiheit zum Gesetz verkehrt: Wer für das Himmelreich arbeiten will (Mönch und Priester), darf sich nicht verheiraten.

Damit wurde eine Dualität geschaffen, welche eine Abwertung und Dämonisierung des Geschlechtlichen zur Folge hatte, die so weder im Alten Israel noch zur Zeit Jesu und der Apostel vorhanden war. Durch dieses enge Denkmuster ist in der Folge vielen an sich engagierten Christen ein verklemmtes und heuchlerisches Leben aufgezwungen worden – bis in unsere Tage hinein. Im Sexualtrieb sah man eine Gefahr für das Tugend- und das Geistesleben, und einflussreiche Theologen wie Augustin oder Thomas von Aquin untermauerten diese Vorstellung. Sexualität und Sünde wurden fast zu Synonymen: Den Ursprung dieser Gleichsetzung sah man in der Verführung Adams durch Eva, mit ihr den Apfel vom Baum der Erkenntnis zu essen. Die Kirche hatte in ihr eine Schuldige gefunden und die Frau war als gefährliche Verführerin zur Sünde der Sexualität für Jahrhunderte gezeichnet.

Die Reformation griff zwar korrigierend ein und befreite ihre Pfarrer vom Zwang des Zölibats, mit der Sexualität jedoch kam man immer noch nicht zurecht. Nach wie vor steht man ihr skeptisch gegenüber, nicht ganz zu Unrecht, da sie sich auch in negativem Sinn äussern kann. In der Ehe sieht die Kirche daher die beste Möglichkeit, den ihres Erachtens gefährlichen Trieb im Zaum zu halten. Kinder zeugen ist das Motto. Der Akt der Zeugung sollte aber möglichst lustlos sein.

Hinter dieser vordergründigen steht aber noch eine weit subtilere Praxis. Was nämlich die Kirche trotz ihrer Enge und Gesetzlichkeit erkannt und sich dienstbar gemacht hat, ist die Tatsache, dass die Sexualität nicht nur verneint und abgetötet, sondern vielmehr auch verwandelt und sublimiert werden kann. In gewissem Sinn haben das bereits Paulus und Jesus praktiziert. Jesus nennt es *«um des Himmelreiches willen sich selber zu Eunuchen machen»*. Die ganze sexuelle Kraft kommt damit dem geistigen und heilenden Engagement zugute. Auch Maria Magdalena können wir als Beispiel anführen: Den Auferstandenen kann sie nicht mehr körperlich umarmen, dafür erhält sie von ihm das geistliche Amt der Verkündigung. Und es fragt sich, wie manches geistige, künstlerische und soziale Werk unterblieben wäre, wenn nicht Eros als beflügelnde Kraft dahinter und darin wirksam gewesen wäre.

Das Verhältnis zur Sexualität wurde erst im Laufe des 20. Jahrhunderts entkrampft, und zwar vor allem durch die Entwicklung und Popularisierung der Humanwissenschaften und der Medizin. Die Fortschritte in der medizinischen Wissenschaft ermöglichten eine Empfängnisverhütung und damit eine gezielte Familienplanung. Für die Frauen bedeutete das eine Befreiung aus vielen Zwängen und Nöten. Das Kinderkriegen war nun nicht mehr der alleinige Zweck der sexuellen Begegnung, sondern Sexualität durfte in der Beziehung zwischen Frau und Mann auch Quelle der Freude und der gegenseitigen Beglückung sein.

Heute erleben wir, dass die über jahrhundertealte Institution der Ehe ins Wanken gerät. Mann und Frau erproben und finden andere Formen des Zusammenlebens. Das bedeutet zwar einerseits eine grosse Freiheit, andererseits sind damit neue Gefährdungen und Verletzungen verbunden. In dieser aktuellen Problematik ist nun bestimmt das Wort der Kirche und ihre Hilfestellung gefragt. Sie hat sich dem auch nicht verweigert. Besonders in der Person des bekannten, auch gegen Nationalsozialismus und Atombewaffnung kämpfenden Basler Professors Karl Barth hat sie sich für eine neue Beziehung von Mann und Frau deutlich zu Wort gemeldet. Unter der Überschrift «Freiheit in der Gemeinschaft» widmete Karl Barth dieser Thematik in seiner Kirchlichen Dogmatik ein eigenes Kapitel. Es geht ihm darum, die Ehe zu «entmythologisieren» und die Sexualität zu «entdämonisieren». Sexualität darf nicht losgelöst von der Ganzheit des Menschen bestimmt werden. Barth plädiert nicht für die «freie Sexualität», sondern für die Freiheit des Menschen in seiner Ganzheit und in seiner Verantwortung für den Mitmenschen. Wo allerdings Barth auf die biblische Begründung seiner Auffassung zu sprechen kommt, macht er leider einen patriarchalischen Rückzieher. Mit Berufung auf Paulus (1Kor 11,3; Kol 3,19; Eph 5,25) kann er da von der vorangehenden A-Rolle des Mannes und der dienenden B-Rolle der Frau sprechen. Und statt der Rebellion gegen einen tyrannischen Ehemann empfiehlt er den Frauen geduldiges Ertragen und Ausharren. Neuere Theologen in der Linie Karl Barths (Theodor Bovet, Paul Tournier, Hermann Ringeling, Kurt Lüthi) haben den Gedanken der Freiheit in neuen Formen des Zusammenlebens, auch von gleichgeschlechtlichen Paaren, weitergeführt und den Menschen dabei vor allem auf seine Verantwortlichkeit verwiesen.

Jedoch erst die in den letzten Jahrzehnten entstandene feministische Theologie führt diese Ansätze über die reine Theorie hinaus. In dieser neuen Theologie finden Frauen und Männer kreative Hilfestellung zur Befreiung aus alten Denkmustern und Traditionen: Kraftvolle Beziehungen statt Gehorsam, lautet nun der Leitsatz. Auf dieses Ziel hin sind wir heutigen Frauen und Männer noch unterwegs. Da neue Formen der Partnerschaft aber in unserer Gesellschaft noch wenig anerkannt und geschützt sind, erfordern sie entsprechend viel Einsatz und Verantwortung.

Im Rückblick auf das am Anfang Gesagte zeigt sich, dass die beiden Anliegen von Freiheit und Verantwortung bereits von Jesus von Nazaret vertreten wurden. Beides wird besonders deutlich am konkreten Fall seiner Begegnung mit den Pharisäern und mit der Ehebrecherin.

Mit den Stichworten «Freiheit» und «Verantwortung» ist auch die Brücke zu Rembrandt geschlagen, haben er und Hendrickje doch ihr Zusammenleben trotz der Ächtung von Kirche und Gesellschaft auf eindrücklich solidarische Weise gestaltet. So konnte es nicht ausbleiben, dass eines seiner schönsten

Alterswerke der Liebe zwischen Frau und Mann gewidmet ist. Das Liebespaar «Isaak und Rebekka» bringt auf einmalige Weise die Zwei-Einheit von Mann und Frau, die Harmonie von Freiheit und Verantwortlichkeit zum Klingen.

V. Zum Schluss: *von menschlicher und göttlicher Liebe*

Zum Schluss: *von menschlicher und göttlicher Liebe*

In der Auseinandersetzung mit Rembrandts biblischen Frauenporträts hat sich gezeigt, dass nicht zuletzt durch das männliche Gegenüber die charakteristischen Eigenschaften der Frauen unterstrichen werden. Bei Susanna sind es die erpresserischen Richter, bei Batseba ist es der für sie entflammte König, bei Ester der politische Feind ihres Volkes, aber auch der ihr vertrauende Gatte. Im Neuen Testament ist es vornehmlich Jesus, der Rabbi aus Nazaret, der die Frauen, entgegen der bisherigen Erfahrung, nicht in Bedrängnis und Verwirrung, sondern im Gegenteil, zu einer neuen Identität und Freiheit führt.

Die Sexualität gehört zum Menschen und zu seiner Persönlichkeit. Wenn der Mensch in seiner Ganzheit erfasst werden soll, dann kann sie keinesfalls ausgeklammert werden. Deshalb ist es nahe liegend und reizvoll zugleich, zum Schluss Rembrandts Darstellungen zu betrachten, in der Mann und Frau als Paar, in ihrer Liebe und gegenseitigen Anziehung erscheinen. Eines der eindrücklichsten und bewegendsten, aber auch malerisch gekonntesten Gemälde von Rembrandt ist das Liebespaar «Isaak und Rebekka», welches er als reifer Künstler mit sechzig Jahren gemalt hat. Aber schon in jugendlichem Alter, in seiner ersten Amsterdamer Periode, hat er sich in einer Radierung mit dem ältesten Liebespaar der Bibel auseinander gesetzt.

Von «Adam und Eva» *zu «Isaak und Rebekka»*

Was haben die beiden Paare miteinander zu tun: das angeschlagene, sich selbst durch Wiss-Begierde und Ungehorsam gefährdende Paar am Anfang und das in seiner Liebe zur Vollendung kommende Paar am Schluss von Rembrandts Laufbahn? Beide sind Lebens-Bilder. Beide Paare bewegen sich zwischen Erde und Himmel: das eine, indem es sich selbstverschuldet vom Paradies entfernen muss, das andere, indem es durch sein Eins-Werden in der Liebe sich dem Puls-schlag des Himmels wieder nähert.

In beiden Paaren drückt sich unser menschliches Grenzgängertum zwischen Irdischem und Himmlischem, zwischen Materie und Geist aus. Und beide Paa-re werden von einem Grösseren, Umfassenderen gehalten und umgeben. Bei Eva und Adam ist dies in der sie umgebenden Natur spürbar; Rebekka und Isaak hingegen werden vielmehr von innerer Natur gehalten, welche in der Harmonie der Farben und Linien und in dem wunderbaren Licht, welches das Paar durchglüht, zum Ausdruck gebracht wird.

Beide haben die Zusage des Lebens und der Liebe trotz aller Gefährdungen. Denn vergessen wir nicht, dass ja auch die schöne Liebe von Rebekka und Isaak durch den Betrug beim Erstgeburtssegen ihren Makel bekommen hat. Trotz allem gilt, was der Apostel Paulus am Schluss seines Lobpreises der Liebe ausruft: *«Nun aber bleiben Glaube, Hoffnung, Liebe, diese drei. Die grösste unter ihnen aber ist die Liebe.»* (1Kor 13,13). Rembrandt selbst hat sich einige Jahre früher als Apostel Paulus porträtiert, sich also mit dem Mann identifiziert, der als harter, kleinlicher Gesetzesmensch auf dem Weg zur Razzia unter den Christen in Damaskus von der Macht und Liebe des Aufer-standenen selber überwunden worden ist. Und dessen Botschaft er nun aufs Wunderbarste in seinem Isaak-Rebekka-Gemälde zur Sprache bringt: *«Die grösste unter ihnen aber ist die Liebe.»*

In diesem Sinn dürfen beide Liebespaare uns «wissend» machen: sowohl um unsere Sterblichkeit, Angeschlagenheit, Enge und Engherzigkeit wie auch um die Kraft und Schönheit der Liebe, die die Pforten des Himmels zu öffnen vermag.

Rembrandt. fi. 1638.

Eva und Adam:
Wo bleibt die Erotik?

Es ist auf den ersten Blick besehen ein hässliches Paar, das hier dargestellt ist. Es provoziert die Betrachter nicht wenig und fordert den Spott der Ästheten heraus. Vornehmlich Eva, deren vollkommene Körperformen in der Tradition immer wieder malerisch besungen worden sind, hat hier dem auf Lust und Harmonie bedachten Auge wenig zu bieten. Ihr Körper wirkt plump und ausser dem langen Haar ist wenig Attraktives an ihr. Und mit Adam steht es nicht besser. Das ältliche Paar auf Rembrandts Radierung kann schwerlich Beifall hervorrufen und Bewunderung wecken. Ist dies die Absicht des Künstlers? Ob es ihm vielleicht weniger um Schönheit als um Wahrhaftigkeit geht, darüber wird uns ein Blick auf die Geschichte dieses Paares wohl die Antwort geben.

Die Urgeschichte von Mann und Frau: *Ihre Erschaffung, ihre Sehnsucht und ihr Fall*

Die Geschichte von Adam und Eva ist im jahwistischen Geschichtswerk, im so genannten zweiten Schöpfungsbericht der Bibel (Gen 2,4b–3,24) erzählt. Nachdem Gott den Menschen geschaffen hat – besser: das «Erdgeschöpf», denn die Bezeichnung Adam verweist auf das, woraus er geschaffen ist, nämlich auf die «adamah», die Erde –, setzt er ihn in einen lieblichen Garten. Und es ist ihm erlaubt, von allen Früchten des Gartens zu essen ausser vom Baum der Erkenntnis.

Die Einsamkeit der Erdkreatur jedoch geht dem Schöpfer zu Herzen, und er will ihm ein Gegenüber, eine «Hilfe», zugesellen. Nachdem er es mit der Erschaffung der Tiere versucht hat, entschliesst er sich, aus dem Erdgeschöpf selbst ihm sein Gegenüber zu kreieren. Wie nun Adam, aus dem Schlaf erwachend, Eva, die Frau entdeckt, bricht er in lauten Jubel aus: *«Diese endlich ist Gebein von meinem Gebein und Fleisch von meinem Fleisch.»* (Gen 2,23). So veranschaulicht die Bibel die Urkraft, die Urfreude und die Sehnsucht, welche Mann und Frau immer wieder zueinander zieht und sie eins werden lässt.

Doch bald schon wird die Harmonie gestört. Der listigen Schlange gelingt es, der nach Klugheit und Wissen strebenden Eva die einzige verbotene Frucht des Gartens so begehrenswert zu machen, dass sich Eva entschliesst, davon zu essen: *«... sie nahm von seiner Frucht und ass. Und sie gab auch ihrem Mann, der mit ihr war, und er ass.»* (Gen 3,6).

Da steht also im Text nichts von den vielbeschworenen weiblichen Verführungskünsten, den körperlichen Reizen, durch welche der Mann ins Verderben gezogen wird, wie es Generationen von sexual- und frauenfeindlichen Auslegern gerne dargestellt haben. Eher müsste man schon von einer geistigen, einer intellektuellen Versuchung sprechen. Der Wissenshunger der Erdgeschöpfe ist damit schon für den paradiesischen Zustand dokumentiert. Eva geht darin voran. Die Lust am Wissen hat aber auch ihre Kehrseite. Nach der verbotenen Frucht am Baum der Erkenntnis zu greifen, kann die Existenz der menschlichen Kreatur gefährden, was den Geschöpfen unseres Jahrhunderts noch bewusster ist als dem Schriftsteller im 10. Jahrhundert vor Christus.

Nach dem Genuss der Frucht wird den beiden bewusst, dass sie nackt sind, worauf sie sich im Garten verstecken. Nun beginnt die lange malerische Tradition der Feigenblätter.

Auch auf eine weitere brennende Frage menschlicher Existenz versucht der alte Bericht eine Antwort zu finden: Wie kommt es denn, dass der Mensch auf Erden so vieler Mühsal und Leiden ausgesetzt ist? Und in diesem Zusammenhang immer wieder die ärgerlich drohende Frage: Warum denn sterben? – auf die schliesslich der Gottessohn selbst eine letztgültige Antwort geben wird.

Die jahwistische Antwort sieht so aus, wie wir sie jetzt, Jahrhunderte später noch, vor uns haben: Begierde nach Wissen, menschlicher Hochmut und

Grössenwahn, das «Sein-Wollen wie Gott» lassen den Menschen des Paradieses verlustig gehen und führen ihn auf den Weg der Mühsal und der Schmerzen, auf den Weg zum Tod. Und zwar fällt die Strafe für Schlange, Frau und Mann verschieden aus: Die Schlange wird zeitlebens im Staube kriechen; die Frau wird mit Schmerzen Kinder gebären und der Mann wird unter Schweiss und Mühe der Erde das tägliche Brot abtrotzen, bis sie alle wieder zur Erde zurückkehren, von der sie genommen sind.

Auf ein brisantes Detail möchte ich in diesem Zusammenhang hinweisen: In Bezug auf Evas Schicksal wird auf ihr Abhängigkeitsverhältnis zum Mann hingewiesen: *«Nach deinem Manne wirst du verlangen, er aber wird dein Herr sein.»* (Gen 3,16). Dieser Hinweis lässt vermuten, dass in der ursprünglichen Schöpfungsordnung keine Subordination der Frau unter den Mann angelegt war, dass also das Patriarchat, welches durch das ganze Alte Testament hindurch (und weit darüber hinaus) zu beobachten ist, eine Folge des Sündenfalls ist und nicht «ewige» Gültigkeit haben wird. Auf das Reich Gottes hin, welches ja in Jesu Person schon mitten unter uns ist, werden sich im Gegenteil alle Abhängigkeits- und Unterdrückungsmechanismen auflösen.

Betrachtung zu *Rembrandts Radierung*

Der jahwistische Schöpfungsbericht gibt eine pessimistische Antwort auf die Frage nach der menschlichen Existenz. Wie sollte da Rembrandt, den wir als akribischen Bibelleser und Ausleger kennen gelernt haben, plötzlich ein unbeschwertes hübsches Paar entwerfen. Da die beiden im Begriff sind, die ihnen gesetzte Grenze zu überschreiten, sind sie entsprechend hässlich dargestellt. Vom Paradiesischen ist nur noch in der Vegetation und im trabenden Elefanten, der im Hintergrund zwischen Baumstamm und Evas Waden fröhlich seinen Rüssel in die Luft wirft, etwas zu spüren. Die Schlange, schon zu Urzeiten als Symbol des Lebens, der Fruchtbarkeit und der Klugheit dem weiblichen Geschlecht zugeordnet (zum Beispiel die Schlangengöttinnen in der minoischen Kultur auf Kreta, ca. 2000 v. Chr.), wird von Rembrandt noch mit Füssen dargestellt. Sie krallt sich am Baum fest, während ihr wüstes Haupt unheilbringend über Eva schwebt.

Eva hält den verführerischen Apfel fest in ihrer Linken. Das Spiel der Finger ihrer rechten Hand lässt uns spüren, wie sehr es sie gelüstet hineinzubeissen. Im nächsten Augenblick wird sie es tun. Im Moment gibt es für das Paar nur diesen Apfel; beide sind vollkommen auf ihn fixiert; alles andere hat keine Bedeutung. Gekonnt versteht Rembrandt diesen menschlich-allzumenschlichen Wesenszug des totalen Versessenseins hervorzuheben.

Adam scheint einerseits widerstehen zu können, was sich wiederum an den Fingerbewegungen der Hand hinter dem Apfel erkennen lässt. Es ist, als ob er sagte: Halt! Das ist eine heisse Sache! Andererseits hat er den Schritt ins Verderben schon getan und das Fingerspiel seiner Rechten zeigt: Die Lust ist stärker als die göttliche Weisung.

Auch diese Radierung ist ein – gerade wegen der Hässlichkeit des Paares! – schönes Beispiel dafür, wie gut der Künstler schon in jungen Jahren die Darstellung von Mimik und Körpersprache beherrscht, und wie er damit das Erzählerische und Ereignishafte dem Auge zu vermitteln vermag.

Nicht Erotik und Ästhetik sind das Anliegen des Künstlers, sondern die Wahrheit und Bedeutung eines Aktes, der nicht mehr rückgängig gemacht werden kann und der seine Folgen haben wird. Wahrhaftigkeit, nicht Kosmetik, das entspricht der Lebensmaxime des Künstlers: Freiheit, nicht Ehre! Als weitere Beispiele für diese Grundhaltung erweisen sich seine Selbstporträts, vor allem diejenigen, welche er nach seinem finanziellen Ruin gemalt hat. Auch das Unästhetische, wie zum Beispiel die Warze auf seinem Kinn, gehört ins Bild. In diesem Sinn ist Rembrandt ein «moderner» Künstler, wie etwa später Goya und Picasso.

Trotz des verhängnisvollen Inhalts und trotz der körperlichen Hässlichkeit des Paares wirkt die Radierung von Eva und Adam aber nicht deprimierend. Denn durch die Nähe von Frau und Mann, durch ihre gegenseitige Zuwendung, aber auch durch die schützende Umgebung der Natur – das Paar steht in ihr wie in einer Höhle – entsteht trotz allem eine Atmosphäre der Geborgenheit. Dies scheint mir auch im Duktus des Bibeltextes zu liegen: Frau und Mann gehören zusammen, komme, was wolle. Trotz ihrer wiederholten Verfehlungen wird sich der Schöpfer von ihnen nicht lossagen.

Rebekka und Isaak:
Rembrandts Hohelied der Liebe

Die geheimnisvolle und unergründliche Zwei-Einheit von Frau und Mann besingt Rembrandt aufs Schönste in seinem Altersgemälde von 1666 mit dem heutigen – von den Kunsthistorikern bestimmten – Titel «Isaak und Rebekka». Früher wurde dieses Gemälde unter der Bezeichnung «Die Judenbraut» aufgeführt. Die Unsicherheit bei der Bezeichnung weist bereits auf eine Eigenart der Darstellung hin. Sie hat, nach den neusten Forschungen, einen eindeutig historisch-biblischen Hintergrund. So, wie sich den Betrachtenden das Bild aber darstellt, ist dieser überhaupt nicht mehr erkennbar. Unbefangen betrachtet, ist es die Liebe schlechthin, die der Maler hier zur Darstellung bringt und damit gleichsam den paradiesischen Urzustand der Liebe zwischen Mann und Frau wiederherstellt. Die Urfreude Adams über seine ihm zugesellte Gefährtin Eva wird hier aufs Neue aktuell: «*Diese endlich ist Gebein von meinem Gebein und Fleisch von meinem Fleisch.*» (Gen 2,23).

Alles, was über die Liebe gesagt werden kann, ist in der «Poesie» dieses Gemäldes enthalten: Schönheit, Innigkeit, lebendig fliessende Harmonie. Und doch hat sich der Künstler dem Thema als Historienmaler genähert. Rembrandt bleibt der erzählende Maler, auch wenn die Geschichte ganz im Porträt, ganz in der Farb- und Lichtgebung aufgeht.

Historischer Hintergrund: *Die Geschichte von Isaak und Rebekka*
Weil Hungersnot herrscht, zieht Isaak, der Sohn Abrahams, mit seiner Frau Rebekka ins fremde Land der Philister. Da Rebekka sehr schön ist, fürchtet er, dass man ihn um seiner Frau willen töten könnte. Deshalb gibt er Rebekka als seine Schwester aus. Einmal nun, als der König der Philister zum Fenster hinausschaut, beobachtet er Isaak und Rebekka beim Liebesspiel. Daraufhin stellt er Isaak zur Rede und macht ihm Vorwürfe: Wie leicht hätte sich jemand aus seinem Volke an Rebekka vergreifen können. Nachdem ihm Isaak seine Furcht gestanden hat, erlässt der König einen Schutzbefehl zugunsten des ausländischen Ehepaars.

Abb. 56: Isaak und Rebekka von Abimelech belauscht.

Der Kunsthistoriker Christian Tümpel weist glaubhaft nach, dass es sich beim dargestellten Liebespaar um Isaak und Rebekka handelt, da Rembrandt auf einer Vorzeichnung den zum Fenster hinausblickenden König Abimelech skizziert hat. Das Motiv ist Rembrandt zudem aus der ikonografischen Tradition vertraut: Eine auf ein Fresko von Raffael zurückgehende Radierung von Badalocchio (1607) und ein Stich von Crispijn de Passe de Oude (1612) sind deutliche Parallelen zu Rembrandts Federzeichnung. Tümpel weist auch darauf hin, dass in der barocken Bildersprache der Liebesakt so dargestellt wird, dass der eine Partner sein Bein über dasjenige des andern legt. Auf dem Gemälde von 1666 jedoch lässt Rembrandt alles Nebensächliche weg und stellt nur noch das Liebespaar dar. Auch die sitzende Haltung des Paares – Rebekka auf dem Schoss Isaaks – ist auf dem Gemälde kaum noch erkennbar.

Dass das Gemälde früher als «Die Judenbraut» bezeichnet worden ist, mag auf das Antlitz des Liebenden zurückzuführen sein, welches eher dasjenige eines älteren Mannes ist. Deshalb hat man ihn als einen Vater interpretiert, welcher seine Tochter in liebevoller Umarmung in die Ehe entlässt. Die Intimität und Erotik der Szene ist jedoch zu offensichtlich, als dass diese Deutung zutreffen könnte. Da die Gesichter des Paares sehr porträthaft wirken, hat man zudem angenommen, dass es ein Bildnis von Rembrandts Sohn Titus mit seiner Verlobten Magdalena van Loo sein könnte. Vergleichen wir jedoch die Porträts, die der Vater von seinem Sohn gemalt hat, mit dem hier dargestellten Mann, entdeckt man kaum Ähnlichkeiten, auch ist er ja eben viel älter. Wie dem auch sei, in jeder Deutungsversion kann ein Korn Wahrheit liegen. Wir könnten sogar, wenn wir die Biografie des Malers selbst miteinbeziehen, in diesem Liebespaar eine Hommage an seine eigenen Frauen Saskia und Hendrickje (auch diese ist zum Zeitpunkt der Entstehung des Gemäldes schon verstorben) sehen. Keine der Überlegungen zum Sujet ist schlüssig. So, wie sich das Paar den Betrachtenden darstellt, kann es irgendein Liebespaar sein. «Isaak und Rebekka» steht stellvertretend für jedes Liebespaar, für die Liebe überhaupt, wie sie auch in den beiden wundervollen Hoheliedern des Alten und Neuen Testaments besungen wird, wobei das Gemälde die grössere Affinität zum Text des Alten Testamentes mit seiner ausgeprägten Erotik aufweist.

Wir sehen, dass das Gemälde wohl aus ganz verschiedenen historisch-ikonografischen, theologischen und auch biografischen Wurzeln heraus gewachsen ist, und dennoch nicht darin aufgeht. All diese Bezugspunkte verdichten sich derart in Farbe, Licht und Bewegung, dass die Darstellung deshalb zeitlos wirkt. Das Geheimnisvolle scheint mir darin zu liegen, dass das Gemälde sowohl eine sehr sinnlich-erotische, wie auch eine spirituell-metaphysische Ausstrahlung besitzt.

Die Malkunst *der Liebe*

Kommen wir nun vom Gedanklichen, von der Historie und der Theologie zum Anschauen zurück, erleben wir vielleicht bewusster als zuvor, dass es eine Poesie der Malerei gibt. Die inhaltliche Zwei-Einheit findet auch in der Atmosphäre der Farben, des Lichts und der Linien ihre Entsprechung.

Durch die Beobachtung einzelner Elemente erschliesst sich das künstlerische Geheimnis des Gemäldes wohl am ehesten. Das Auffallendste sind Bewegung und Rhythmus. Arme und Hände des Paares berühren sich in einer lebendig fliessenden Bewegung. Es bildet sich dadurch so etwas wie ein Kreislauf von Herz zu Herz. Gegen aussen, gegen den Rand des Bildes hin, klingt die Bewegung deutlich aus, verebbt, kommt gleichsam zur Ruhe in der schwach angedeuteten Architektur des Gemäuers, welches an den Palast des das Paar beobachtenden philistäischen Königs Abimelech erinnert.

Eine zweite Beobachtung betrifft Farbe und Licht, die sich durchdringen und auf ihre Weise eine lebendige Zwei-Einheit bilden. Betrachten wir das glühend warme Rot von Rebekkas Kleid aus der Nähe, entdecken wir, dass es aus einer Vielzahl von Farbtönen von rot, gelb bis fast schwarz besteht. Ebenso verhält es sich beim gold-braunen Mantel Isaaks. Die Farben wirken bewegt und spielerisch; sie entstehen gleichsam im Akt des Anschauens selbst. Es ist, als ob Rembrandt hier den Impressionismus vorwegnehmen würde. Selbst die Farben scheinen sich in diesem Gemälde zu umarmen. Thema, Stil und Technik entsprechen einander vollständig. Natürlich können wir ähnliche Beobachtungen auch an andern Gemälden des Meisters machen, vornehmlich an seinen Alterswerken wie zum Beispiel «Esters Festmahl» oder an den beiden letzten Gemälden aus Rembrandts Todesjahr, bei der «Heimkehr des verlorenen Sohnes» und «Simeons Lobgesang» (vgl. Abb. 57).

Die entscheidende Rolle in diesem Zusammenklingen der Farben spielt wohl das materiell nicht einzufangende Licht. Im Grunde genommen ist es dieser unsichtbare «Stoff», welcher mit den Farben spielt, sie hier und dort aufblitzen lässt, klare Konturen setzt (vgl. die Hände und Gesichtszüge), um sie manchmal wieder im Schummrigen verschwinden zu lassen. Es ist besonders dieses lebendige Spiel des Lichts mit den Farbtönen, welches den Eindruck des Rhythmischen und Musikalischen vermittelt und dem Ganzen seine Transparenz und Geistigkeit verleiht. Das innere Leben der Farben, ihre Seele sozusagen, ist das Licht – oder umgekehrt: Das Licht erweckt die Farben zum Leben. Theologisch besehen, entspricht das Licht dem lebendigen Geist, der sich in die Materie inkarniert und sie beseelt.

Wir haben hier ein gelungenes Beispiel von Malerei vor uns, bei der Gegenständliches und Sinnlich-Erotisches sich mit dem Transzendenten verbinden. Auch der Gedanke der Menschwerdung Gottes liegt da nicht fern. Und es kommt wohl nicht von ungefähr, dass ähnliche Eigenschaften bereits beim Kasseler Weihnachtsbild, in dem dieses eigenartig transzendente Licht zum ersten Mal aufleuchtet, aufgetaucht sind, wenn auch noch nicht in dieser gegenseitigen Durchdringung und Umarmung von Farbe und Licht wie hier im Isaak-Rebekka-Gemälde.

Ein dritter und letzter Aspekt wird bei der Betrachtung dieses Liebespaar offenbar: Im Anschauen vollendet sich das Kunstwerk. Rembrandts Gemälde sind Meditationsbilder. Sie suchen immer das Gespräch mit den Betrachtenden. Und wer sich lange und intensiv in sie vertieft, den beglücken sie mit ihrem Geist und ihrer Seele. Genauso verhält es sich ja auch mit andern Kunstwerken: in der Musik, der Literatur, der Architektur, der Bildhauerei und nicht zuletzt auch mit den Texten der Bibel, mit Gottes Wort. Um Letzteres hat Rembrandt sehr wohl gewusst und es deshalb gerne und gekonnt in seinen Werken thematisiert. So wird Gottes Wort in seinen Darstellungen auf ganz neue ergreifende Weise Bild, bewegtes und bewegendes Bild im Herzen derjenigen, die sich darauf einlassen.

Auf die Darstellung von Isaak und Rebekka angewandt, heisst das nichts weniger, als sich mitnehmen zu lassen in den Herzensdialog ihrer Liebe, eingebunden zu sein in ihren Klang, ihre Harmonie und ihren Rhythmus, in die Schönheit, Freude, Beglückung dieser sinnlich-erotischen und gleichzeitig zeitlos transzendenten Liebe.

Sich meditativ in das Bild zu versenken, bedeutet auch, es in uns neu zu erschaffen und damit gleichsam uns selber neu zu kreieren, uns von dieser Liebe und wunderbaren Zwei-Einheit Hoffnung und Zukunft eröffnen zu lassen.

Es gibt nur noch ein Gemälde, das an Intensität und spiritueller Kraft das Bild von Isaak und Rebekka übertrifft; es ist dasjenige, welches bei Rembrandts Tod noch nicht ganz beendet auf der Staffelei stand.

Simeon und Hanna
mit dem Christuskind

Mit dem Gemälde von Simeon und Hanna nimmt der alte Maler nochmals ein Lieblingsthema aus seiner ersten Schaffensperiode auf und führt es, zwar nicht im materiellen, aber umso mehr in einem spirituellen Sinn zur «Vollendung». Dass er es nicht mehr ganz zu Ende malen konnte und seine Schüler und Mitarbeiter die letzten Pinselstriche führten, darf uns vielleicht ein Hinweis auf die Endlichkeit und Unvollkommenheit unseres ganzen irdischen Lebens und Arbeitens sein.

Das Thema des Bildes jedoch, der Greis mit dem Jesuskind auf den Armen, weist darauf hin, dass der Mensch gänzlich im Licht der göttlichen Gnade leben und auch darin sterben darf. Die Geborgenheit, die dieses Gemälde ausstrahlt, ist ein schönes Vermächtnis des holländischen Meisters. Wie so manches der betrachteten Bilder ist auch dieses letzte eine getreue Auslegung eines Wortes der Bibel, der so genannten Lobpreisung des alten Simeon:

Nun lässt du deinen Diener gehen, Herr,
in Frieden, wie du gesagt hast,
denn meine Augen haben das Heil gesehen,

das du vor den Augen aller Völker bereitet hast,
ein Licht zur Erleuchtung der Heiden
und zur Verherrlichung deines Volkes Israel. (Lk 2,29–32)

Zu Recht ist das Gemälde unter dem Titel «Simeons Lobgesang» in die Kunstgeschichte eingegangen. Mit dieser Darstellung sind wir auch wieder auf der Schwelle vom Alten zum Neuen Testament angelangt, da die göttlichen Verheissungen sich erfüllen in der Geburt des Heilands. Das Bild ist also, ähnlich wie dasjenige von Isaak und Rebekka, intim, individuell und weltweit und kosmisch zugleich.

Ich selbst möchte das Bild nicht allein von der Hauptperson her deuten, stellt es doch deutlich eine Dreiergruppe dar, eine Art Fortsetzung der Heiligen Familie. Aber diesmal nicht in der Form der weltlichen, sondern einer geistigen Verwandtschaft. Die einst mit erhobenen Armen ihr Staunen bekundende Hanna im Jugendbildnis von 1628 (vgl. Abb. 2) verschwindet nun fast im Dunkel des Bildes. Von einem Lichtschein nur schwach beleuchtet, wirkt sie mit ihren niedergeschlagenen Augen als wäre sie in eine andere Welt entrückt. Simeon, den Sänger, trifft der Lichtstrahl stärker, doch auch bei ihm lösen sich die Konturen auf. Seine Augen sind gesenkt und wirken wie blind. Der lauschende Gesichtsausdruck und der halb offene Mund drücken ein inneres «Sehen» aus. Entrücktheit drückt sich auch in der Art aus, wie er das Kind trägt. Es ist eigentlich kein Tragen, das Kind scheint vielmehr auf seinen Armen und Händen zu schweben. Was Rembrandt in seiner letzten Stunde zu malen versucht, ist das, was der Reformator Johannes Calvin «das innere Zeugnis des Heiligen Geistes» nennt.

In diesem letzten Bild erreicht der holländische Maler des 17. Jahrhunderts eine grosse Transzendenz. In Rembrandts Gemälde erleben wir mit Staunen, dass göttliche Liebe malbar ist, indem sie sich auf dem menschlichen Antlitz spiegelt, sei es bei Simeon oder Hanna, bei Mann oder Frau.

Rembrandts Leben: *Zeittafel*

Am 15. Juli 1606 wird Rembrandt Harmenszoon van Rijn als achtes von neun
Kindern des Müllers Harman Gerritsz van Rijn und der Cornelia van Suijttbroeck
in Leiden geboren.

1613–20   Besuch der calvinistischen Lateinschule und Immatrikulation als Stud. Phil.
an der Universität in Leiden

1622–24   Lehrling des Malers Jacob van Swanenburgh in Leiden

1624   Fortbildung beim Historienmaler Pieter Lastman in Amsterdam

1628   Selbstständiger Maler in Leiden, Werkstattgemeinschaft mit Jan Lievens

1631   Übersiedlung nach Amsterdam zum Kunsthändler Hendrick van Uylenburgh

1632   Rembrandt macht sich einen Namen als Porträtmaler, u. a. mit der «Anatomie von
Dr. Tulp» und dem «Porträt von Amalia von Solms», der Frau des Prinzen Frederik
Hendricks. Dieser bestellt die Passionsserie.

1634   Heirat mit der Patriziertochter Saskia van Uylenburgh
Eintritt in die Lukasgilde in Amsterdam

1635/36   Geburt und Tod des ersten Sohnes Rumbertus

1638   Geburt und Tod der ersten Tochter Cornelia

1639   Kauf des Hauses an der Breestraat

1640   Geburt und Tod der zweiten Tochter Cornelia
Tod von Rembrandts Mutter Cornelia

1641   Geburt des Sohnes Titus, welcher als einziges Kind überlebt

1642   Vollendung der Nachtwache
Tod Saskias
Geertghe Dircx kommt als Kinderpflegerin ins Haus und wird Rembrandts Geliebte.

1648   Ende des Krieges zwischen Spanien und den Niederlanden

1649   Hendrickje Stoffels kommt als Hilfe in Rembrandts Haus und wird die zweite
grosse Liebe des Malers.
Geertghe verklagt Rembrandt vor Gericht wegen eines nicht eingehaltenen
Eheversprechens.

1650   Rembrandt wird vom Gericht zu einer Rente für Geertghe verpflichtet; da sie
jedoch Saskias Schmuck versetzt, klagt Rembrandt seinerseits und sie kommt
wegen «schlechten Lebenswandels» ins Zuchthaus von Gouda.

1654   Vorladung Hendrickjes vor den Kirchenrat und Ausschluss vom Abendmahl
wegen «Unzucht mit dem Maler Rembrandt»
Im Oktober jedoch wird Hendrickjes und Rembrandts Töchterchen Cornelia in
der Oude Kerk getauft.

1656   Geertghes Bruder kommt wegen Zahlungsunfähigkeit der von Rembrandt
geliehenen Transportkosten für Geertghe ins Schuldgefängnis. Fast gleichzeitig
muss Rembrandt um einen ehrenhaften Konkurs bitten.

1656–58   Versteigerung von Rembrandts Sammlung und Verkauf des Hauses

1660   Die Familie zieht an die Rozengracht, Titus und Hendrickje eröffnen einen
Kunsthandel und Rembrandt wird ihr Angestellter.

1663   Tod Hendrickjes

1668   Eheschliessung von Titus und Magdalena van Loo im Februar
Sieben Monate später wird Titus in der Westerkerk begraben.

1669   Im März wird Titus' und Magdalenas Tochter Titia getauft und Rembrandt
steht Pate.

Am 4. Oktober stirbt Rembrandt – er hinterlässt eine umfangreiche Kunstsammlung.

Literatur zu Theologie und Malerei

Mieke Bal:
Verf en Verderf, lezen in Rembrandt,
Prometheus Amsterdam 1990.

A. Bartsch:
Catalogue raisonné de toutes les estampes qui
forment l'oeuvre de Rembrandt, Wien 1797.

Karl Barth:
Kirchliche Dogmatik (bes. III und IV) 1957.

O. Benesch:
The Drawings of Rembrandt,
Phaidon London 1957.

Michael Bockemühl:
Rembrandt, Das Rätsel der Erscheinung,
Köln 1994.

J. Bruyn:
Rembrandts keuze van bijbelse onderwerpen,
Utrecht 1959.

Jacob Burckhardt:
Rembrandt und Van Dyck, Bern 1947.
(Vorträge 1877/86).

Johannes Calvin:
Institutio christianae religionis,
Neukirchen 1955.

Johannes Calvin: Auslegung der Heiligen
Schrift, 4. Band: Die Psalmen, Neukirchen
1955.

H. Perry Chapman:
Rembrandt's Self-Portraits, a study in
seventeenth-century identity, Princeton 1990.

Fritz Erpel:
Die Selbstbildnisse Rembrandts, 1967.

H. E. van Gelder:
Rembrandt en zijn tijd, Amsterdam 1948.

H. E. van Gelder:
Rembrandt en de heilige schrift,
Amsterdam 1941.

Horst Gerson: Rembrandt Gemälde, Amster-
dam/ Wiesbaden 1968.

Kurt Marti:
«anrufungen», in: gott gerneklein. Gedichte.
Stuttgart: Radius Verlag 1995.

Guillaud Maurice et Jaqueline:
Rembrandt, das Bild des Menschen,1986.

Bob Haak:
Rembrandt, sein Leben, sein Werk,
seine Zeit, New York, Köln 1968.

Julius Held:
Rembrandt Studien, Leipzig 1983.

C. Hofstede de Groot:
Die Urkunden über Rembrandt 1575–1721.
Den Haag 1906.

Arnold Houbraken:
Groote Schouburg 1718.

Martin Luther:
«Gelobet seist du», in: Gesangbuch der
Evangelisch-reformierten Kirchen der deutsch-
sprachigen Schweiz. Zürich:
Theologischer Verlag Zürich 1998: Nr. 392,
Strophen 2–4.

Wolfgang Kemp:
Rembrandt, Die Heilige Familie 1992.

Arnulf Marzluf:
Selbstbewusstsein als Bildkategorie,
Frankfurt 1978.

Henri J. M. Nouwen:
Nimm sein Bild in dein Herz, Herder 1991.

Harald Olbrich und Helga Möbius:
Holländische Malerei des 17. Jahrhunderts,
Leipzig 1990.

Netty Railing (Anna Seghers):
Jude und Judentum im Werke Rembrandts,
Leipzig 1990.

Die Rembrandt – Bibel,
Hrsg. Hidde Hoekstra,
Neuhausen/Stuttgart 1980.

Rembrandts Selbstbildnisse,
Katalog zur Ausstellung 1999, Belser
Stuttgart, Redaktion Christopher White und
Quentin Buvelot, mit Beiträgen von Ben Broos,
Edwin Buijsen, Volker Manuth, Peter Schat-
born, Ariane van Suchtelen, Ernst van de
Wetering, Marieke de Winkel.

Das Rembrandthaus: Katalog der
Radierungen, Red. Marlies Enklaar,
Zwolle, Amsterdam.

Jan en Annie Romein, De Lage Landen
Bij De Zee, Band II, Zeist 1961.

Hans Martin Rotermund:
Rembrandts Handzeichnungen und Radierungen zur Bibel, Zwingli Verlag Zürich 1963.

Hans Martin Rotermund:
Artikel Rembrandt RGG 3, 1961.

Johannes Stückelberger:
Rembrandt und die Moderne,
Basel/München 1996.

Christian Tümpel:
Rembrandt. Mythos und Methode, Königstein
i. T. Amsterdam / Antwerpen / Paris 1986.

Christian Tümpel:
Rembrandt, mit Selbstzeugnissen und Bilddo-
kumenten, rororo 251, 1989.

W. A. Visser't Hooft:
Rembrandts Weg zum Evangelium,
Zürich 1955.

W. A. Visser't Hooft:
Rembrandt en het protestantisme, Paris 1938.

Léon Wencelius:
Calvin et Rembrandt, 1936.

Heinrich Wölfflin:
Kunstgeschichtliche Grundbegriffe,
Basel/Stuttgart1984.

Martin Ziegelmüller:
Der Maler auf seinem Drehstuhl,
Frauenfeld 2001.

Weiterführende Literatur zum Thema «Kirche – Gesellschaft – Sexualität»

Simone de Beauvoir: Le deuxieme Sexe, 1949.

Kate Millet: Sexus und Herrschaft, 1971.

Alice Schwarzer: Der «kleine Unterschied» und seine grossen Folgen, 1975.

Elisabeth Moltmann–Wendel: Ein eigener Mensch werden, 1980.

Catharina J. M. Halkes: Gott hat nicht nur starke Söhne, 1980.

Mary Daly: Kirche – Frau – Sexus, 1970.

Hermann Ringeling: Theologie und Sexualität, 1968; Neue Humanität, 1975.

Kurt Lüthi: Gottes neue Eva, 1978.

Abb. 1: Pablo Picasso: Rembrandt und die
Frau mit Schleier. 1934.
Saper Gallerie, Suite Vollards, Madrid.

Abb. 2: Die Lobpreisung Simeons und Hannas.
Um 1628. Holz 55,4 x 43,7 cm.
bpk/Hamburger Kunsthalle/Elke Walford.

Abb. 3: Die Bibel-Leserin (Die Prophetin
Hanna / Rembrandts Mutter).
Bezeichnet: «RHL 1631». Holz 59,8 x 47,7 cm.
Amsterdam, Rijksmuseum.

Abb. 4: Rembrandts Mutter mit schwarzem
Schleier.
Um 1631. Radierung, 14,9 x 13,1 cm.
Rembrandthuis, Amsterdam.

Abb. 5: Susanna im Bade.
Bezeichnet «Rembrandt f. 1636 f».
Holz 47,2 x 38,6 cm.
Königliche Gemäldegalerie Mauritshuis Den Haag.

Abb. 6: Pedro Pablo Rubens: Susanna und die
beiden Alten.
Um 1610/11. Öl auf Holz, 175 x 200 cm.
Real Academia de San Fernando., Madrid.
Foto: akg-images / Erich Lessing.

Abb. 7: Susanna im Bade,
von den beiden Alten überrascht.
Bezeichnet «Rembrandt f. 1647».
Holz 76,6 x 92,7 cm.
Berlin, Staatliche Museen Preussischer
Kulturbesitz, Gemäldegalerie.
bpk/Gemäldegalerie, SMB/Jörg P. Anders.

Abb. 8: Batseba mit dem Brief des Königs David.
Bezeichnet: «Rembrandt f. 1654».
Leinwand 142 x 142 cm.
Paris, Musée du Louvre.
Foto: akg-images / Erich Lessing.

Abb. 9: Natan ermahnt David.
Aert de Gelder, früher Rembrandt zugeschrieben.
Um 1655. Federzeichnung in Braun, laviert,
17,2 x 24,1 cm.
Städelsches Kunstinstitut, Frankfurt a. M.
Foto: Ursula Edelmann.

Abb 10: «Du bist der Mann!»
Um 1654/55. Federzeichnung in Braun, laviert, 14,6 x 17,3 cm.
Kupferstichkabinett, Staatliche Museen zu Berlin.
Foto: Jörg P. Anders.

Abb. 11: «So hat auch der Herr deine Sünde
weggenommen.»
Um 1654/55. Lavierte Rohrfederzeichnung
18,3 x 25,2 cm.
New York, Metropolitan Museum.

Abb. 12: David im Gebet.
1652, 14,3 x 9,3 cm
Rembrandthuis, Amsterdam.

Abb. 13: Grosses Selbstbildnis.
Bezeichnet: «...dtf. 1652».
Leinwand 112 x 81,5 cm.
Kunsthistorisches Museum Wien.

Abb. 14: Jakob segnet die Söhne Josefs.
Falsch bezeichnet: «Rimbran(dt) f. 1656».
Leinwand 175 x 210,5 cm.
Gemäldegalerie Staatliche Museen Kassel.

Abb. 15: Die Blendung Simsons.
Bezeichnet «Rembrandt f. 1636».
Leinwand 205 x 272 cm.
Städelsches Kunstinstitut, Frankfurt am Main.

Abb. 16: Josef wird von Potifars Weib verklagt.
Bezeichnet: «Rembrandt f. 1655».
Leinwand 113,5 x 90 cm.
Berlin, Staatliche Museen Preussischer
Kulturbesitz, Gemäldegalerie.
bpk/Gemäldegalerie, SMB/Jörg P. Anders.

Abb. 17: Joseph und Potifars Weib.
1634, 9,5 x 14,5 cm.
Rembrandthuis, Amsterdam.

Abb. 18: Achaschwerosch und Haman beim
Festmahl der Ester.
Bezeichnet: «Rembrandt f. 1660».
Leinwand 73 x 94 cm.
Moskau, Puschkinmuseum.

Abb. 19: Haman erkennt sein Schicksal.
Um 1667/68. Bezeichnet: «Rembrandt f.»
Leinwand 127 x 116 cm.
The State Hermitage Museum, St. Petersburg.

Abb. 20: Die Heilige Familie.
Um 1635. Bezeichnet: «Rembrandt f. 163(.)»
Leinwand 183,5 x 123 cm.
München, Alte Pinakothek.

Abb. 21: Maerten Jacobsz van Heemskerck:
Der heilige Lukas malt die Madonna.
1532. Leinwand 168 x 235 cm.
Frans Hals Museum, Haarlem.

Abb. 22: Die Heilige Familie
(Die Werkstatt des Zimmermanns).
Bezeichnet: «Rembrandt f. 1640».
Holz 41 x 34 cm.
Paris, Musée du Louvre.
Foto: akg-images / Erich Lessing.

Abb. 23: Maria mit dem Christkind in den
Wolken.
1641, 16,8 x 10,6 cm.
Rembrandthuis, Amsterdam.

Abb. 24: Federico Barocci: Madonna mit
Christkind in den Wolken.
Museum Boijmans Van Beuningen, Rotterdam.

Abb. 25: Die Flucht nach Ägypten.
1633, 8,5 x 6,2 cm.
Rembrandthuis, Amsterdam.

Abb. 26: Die Flucht nach Ägypten.
1651, 12,7 x 11,1 cm.
Rembrandthuis, Amsterdam.

Abb. 27: Die Heilige Familie mit einem
gemalten Rahmen und Vorhang.
Bezeichnet: «Rembrandt ft. 1646».
Holz 46,5 x 68,8 cm.
Gemäldegalerie Staatliche Museen Kassel.

Abb. 28: Ruhe auf der Flucht nach Ägypten.
Bezeichnet: «Rembrandt f. 1647».
Holz 34 x 48 cm.
Dublin, National Gallery of Ireland.

Abb. 29: Die Muttergottes auf der Schlange.
1654, 9,5 x 14,5 cm.
Rembrandthuis, Amsterdam.

Abb. 30: Christus erscheint Maria Magdalena.
Bezeichnet: «Rembrandt f. 1638».
Holz 61 x 49,5 cm
The Royal Collection © 2005, Her Majesty
Queen Elizabeth II.

Abb. 31: Christus erscheint Maria Magdalena.
1643, 15,2 x 19 cm.
Amsterdam, Prentenkabinett.

Abb. 32: Der auferstandene Christus erscheint
Maria Magdalena.
Bezeichnet: «Rembrandt 165(1)».
Leinwand 65 x 79 cm.
Braunschweig, Herzog Anton Ulrich-Museum.

Abb. 33: «Rabbuni, mein Meister!»
1655, 22 x 18,5 cm.
Museum Boijmans Van Beuningen, Rotterdam.

Abb. 34: Christus und die Ehebrecherin.
Bezeichnet: «Rembrandt f. 1644».
Holz 83,8 x 65,4 cm.
London, National Gallery.

Abb. 35: Die Ehebrecherin vor Jesus.
Um 1655, 19,4 x 28,3 cm.
Museum Boijmans Van Beuningen, Rotterdam.

Abb. 36: Jesus schreibt in den Sand.
1658/59, 18,9 x 24,8 cm.
Stockholm Nationalmuseum.

Abb. 37: Rembrandt-Umkreis: Christus und
die Samariterin am Brunnen.
Bezeichnet: «Rembrandt f. 1655».
Holz 63,5 x 48,9 cm.
Bequest of Lillian S. Timken, 1959 (60.71.14),
New York, Metropolitan Museum of Art.

Abb. 38: Christus und die Samariterin.
1634, 12,3 x 10,6 cm.
Rembrandthuis, Amsterdam.

Abb 39: Christus und die Samaritanerin am Brunnen.
1648/49. Federzeichnung in Braun, laviert.
The Barber Institute of Fine Arts, University of Birmingham,
The Bridgeman Art Library.

Abb. 40: Christus und die Samariterin.
1658, 12,5 x 16,0 cm.
Rembrandthuis, Amsterdam.

Abb. 41: «Ich bin es, ich, der mit dir spricht.»
Um 1658. 19,8 x 25,1 cm.
Weimar, Goethe Nationalmuseum.

Abb. 42: Gottes- und Selbsterkenntnis.
Um 1658.
Basel, Privatbesitz.

Abb. 43: Danae.
Bezeichnet: «Rembrandt f. 16(36)».
Leinwand 185 x 202.5 cm.
The State Hermitage Museum, St. Petersburg.

Abb. 44: Saskia.
Um 1633/34. Holz 99,5 x 78,8 cm.
Gemäldegalerie Staatliche Museen Kassel.

Abb. 45: Maria Trip.
Bezeichnet: «Rembrandt f. 1639».
Holz 107 x 82 cm.
Amsterdam, Rijksmuseum
(Leihgabe der Familienstiftung van Weede).

Abb. 46: Selbstbildnis mit Mütze und Goldkette.
Bezeichnet: «Rembrandt f. 1633».
Holz 70 x 53 cm.
Paris, Musée du Louvre.
Foto: akg-images / Erich Lessing.

Abb. 47: Die Marketenderin in der Nachtwache (Ausschnitt).
Bezeichnet: «Rembrandt f. 1642».
Leinwand 363 x 437 cm (Fragment).
Amsterdam, Rijksmuseum.

Abb. 48: Das Ehepaar und der Tod.
1639, einziger Zustand, 10,9 x 7,9 cm.
Rembrandthuis, Amsterdam.

Abb. 49: Selbstbildnis, zeichnend am Fenster.
1648, 16 x 13 cm.
Rembrandthuis, Amsterdam.

Abb. 50: Geertghe Dircx.
Um 1643, 13 x 7,8 cm.
London British Museum.

Abb. 51: Der geschlachtete Ochse.
Bezeichnet: «Rembrandt f. 1655».
Holz 94 x 67 cm.
Paris, Musée du Louvre.
Foto: akg-images / Erich Lessing.

Abb. 52: Hendrickje Stoffels.
Um 1652. Leinwand, 74 x 61 cm.
Paris, Musée du Louvre.
Foto: akg-images / Erich Lessing.

Abb. 53: Hendrickje Stoffels an der geöffneten Tür.
Um 1656/57. Leinwand, 88,5 x 67 cm.
Berlin, Staatliche Museen Preussischer Kulturbesitz, Gemäldegalerie.
bpk/Gemäldegalerie, SMB/Jörg P. Anders.

Abb. 54: Adam und Eva.
1638, 16,2 x 11,6 cm.
Rembrandthuis, Amsterdam.

Abb. 55: Isaak und Rebekka (Die Judenbraut).
Um 1666. Bezeichnet: «Rembrandt f 16(..)».
Leinwand 121,5 x 166,5 cm.
Amsterdam, Rijksmuseum.

Abb. 56: Isaak und Rebekka von Abimelech belauscht.
14,5 x 18,5 cm.
New York, Slg. Kramarsky.

Abb. 57: Rembrandt und Nachfolger: Die Lobpreisung Simeons.
Um 1666–1669. Leinwand 98 x 79 cm.
Stockholm, Nationalmuseum.

Gen 1,22;28:	46 (Asenat), 158 (Kap. IV)	Lk 2,41–52:	78 (Maria)
Gen 2,4b–3,24:	171 (Adam und Eva)	Lk 7; 8:	94 (Maria Magdalena)
Gen 16; 21:	53 (Delila)		
Gen 27:	53 (Delila)	Joh 1:	42 (Batseba)
Gen 28:	47–48 (Asenat)	Joh 1,5ff:	84 (Maria)
Gen 32,27:	48 (Asenat)	Joh 1,14:	121 (Samaritanerin)
Gen 39:	57 (Frau Potifar)	Joh 2,1–12:	78 (Maria)
Gen 41,42–45:	50 (Asenat)	Joh 4,1–42:	114–128 (Samaritanerin)
Gen 48:	46–49 (Asenat)	Joh 6,35;51;56:	122 (Samaritanerin)
Gen 50,20:	59 (Frau Potifar)	Joh 6,20:	121 (Samaritanerin)
Ex 20,14:	104 (Ehebrecherin)	Joh 6,63:	99 (Maria Magdalena)
Lev 20,10:	104 (Ehebrecherin)	Joh 6,69:	124 (Samaritanerin)
Num 6,24–26:	46 (Asenat)	Joh 8,3–11:	104, 105 (Ehebrecherin)
Dtn 24,1:	104 (Ehebrecherin)	Joh 8,12:	122 (Samaritanerin)
		Joh 8,32:	115 (Samaritanerin)
Ri 14–16:	54 (Delila)	Joh 10,9;11:	123 (Samaritanerin)
		Joh 11,25;26:	123, 124 (Samaritanerin)
2Sam 11–12:	32–39 (Batseba)	Joh 11,27:	124 (Samaritanerin)
		Joh 12:	94 (Maria Magdalena)
Est:	62ff (Ester)	Joh 13:	122 (Samaritanerin)
		Joh 14,6;7:	123–124 (Samaritanerin)
Ps 23:	123 (Samaritanerin)	Joh 15,1–2:	124ff (Samaritanerin)
Ps 51:	36, 37, 39, 40, 41 (Batseba)	Joh 15,5:	122 (Samaritanerin)
Ps 36,10:	87 (Maria)	Joh 15,16:	125 (Samaritanerin)
		Joh 19,26–27:	78 (Maria)
Jes 9,1ff:	84 (Maria)	Joh 20,11–18:	94–95 (Maria Magdalena)
Jes 53:	42 (Batseba), 77 (Maria)	Joh 20,16:	159 (Kap. IV)
		Joh 20,17:	97–98 (Maria Magdalena)
Dan LXX 13:	23–25 (Susanna)		
		Apg 1,13–14:	78, 89 (Maria)
Mt 1,18–21:	76 (Maria)		
Mt 5,8:	28 (Susanna)	Röm 7,19;24–25:	35–36 (Batseba)
Mt 5,27–32:	104 (Ehebrecherin)	Röm 8,29:	122 (Samaritanerin)
Mt 7,1–5:	105 (Ehebrecherin)		
Mt 10,16:	64 (Ester)	1Kor 11,3:	161 (Kap. IV)
Mt 11,28:	88 (Maria)	1Kor 13,13:	168 (Kap. V)
Mt 16,16:	124 (Samaritanerin)	2Kor 3,14;18:	87 (Maria)
Mt 18,21:	147 (Sexualität und Schuld)		
Mt 19,3–9:	104, 105 (Ehebrecherin)	Gal 3,27:	122 (Samaritanerin)
Mt 19,12:	159 (Kap. IV)		
Mt 25,40:	35 (Batseba)	Eph 5,25:	161 (Kap. IV)
Mk 3,21; 33–35:	77 (Maria)	Kol 3,19:	161 (Kap. IV)
Mk 10,4–12:	105 (Ehebrecherin)		
Mk 10,8–9:	159 (Kap. IV)		
Lk 1:	77 (Maria)		
Lk 2,29–32:	183f (Simeon und Hanna)		
Lk 2,33ff:	21 (Bibel-Leserin)		
Lk 2,36ff:	14 (Einleitung)		